POLYGLOTT zu Fuß entdecken

Amsterdam

W0178455

Die Autoren
Susanne Kilimann
Rasso Knoller
Christian Nowak

POLYGLOTT
SEIT 1902
GUTE REISE
UND DIE WELT GEHÖRT MIR

Erkunden Sie zu Fuß
Ihre Lieblingsstadt mit
all ihren Facetten
und verborgenen Winkeln.
Jede Tour lässt Sie
überraschende Eindrücke
sammeln und Altbekanntes
neu genießen.

ZEICHENERKLÄRUNG

 **POLYGLOTT-Touren**
Die Touren leiten von einer Station des öffentlichen Nahverkehrs, Bus, Tram, Ⓢ und Ⓤ, zu einer anderen – Parkplatzsuche überflüssig.

Wann

Sie sind viel im Freien unterwegs – am schönsten bei Sonnenschein

Überwiegend im Inneren – macht auch bei Regen Spaß

Am schönsten in der Abenddämmerung und danach

Dauer · Distanz

Ein Spaziergang von bis zu zwei Stunden zu schönen und interessanten Orten

Ein Spaziergang mit Sehenswürdigkeiten, der einen halben Tag dauert

Ein ganztägiger Spaziergang

 Top-12-Highlights
Herausragende Sehenswürdigkeiten sind mit Stern gekennzeichnet.

 Lieblinge der Autoren
sind mit Herz markiert.

Mal Pause machen
Kleine Auszeit während der Tour

Preiskategorien
Hotel (DZ inkl. Frühstück):

€€€	ab 200 €
€€	bis 200 €
€	bis 120 €

Restaurant (Hauptgericht):

€€€	ab 25 €
€€	bis 25 €
€	bis 15 €

DIE TOUREN IM ÜBERBLICK

STADTVIERTEL	WANN	DAUER	SEITE

STADTVIERTEL		WANN	DAUER	SEITE

TOP-ADRESSEN

DAS IST UNSER AMSTERDAM

Susanne Kilimann, Rasso Knoller und Christian Nowak leben in Berlin, gehören zum Team »Die Reisejournalisten«, sind seit vielen Jahren in der ganzen Welt unterwegs, schreiben Bücher, Beiträge für Zeitungen und Magazine und fotografieren leidenschaftlich. Amsterdam begeistert alle drei.

Als die Anfrage des Verlages kam, war unsere Entscheidung schnell getroffen: Das Buch schreiben wir zusammen. Jeder von uns kennt die Grachtenstadt schon seit vielen Jahren. Doch unsere letzten Besuche lagen schon einige Zeit zurück. Was wir dann auf unserer Recherchereise erlebten, hat uns aufs Neue fasziniert, vieles auch total überrascht. Da ist natürlich das alte, das »Bilderbuch-Amsterdam« mit seinen Grachten, Brücken und Giebelhäusern, das zu fast jeder Jahreszeit Postkartenansichten liefert. Museal wirkt die Altstadt trotzdem nicht, dafür sorgen schon all die kreativen Zeitgenossen, die dieses Areal »bespielen«. Witzige Cafés, ambitionierte Galerien und originelle Geschäfte – immer wieder gibt es etwas zu entdecken. Aufregend ist es aber auch, das neue Amsterdam zu erkunden: die futuristischen Wohnkomplexe und Eventlocations auf den künstlichen Inseln im IJ, oder den Stadtteil Noord, das neue Trendviertel hinter dem Hauptbahnhof, wo man auf Schritt und Tritt eine elektrisierende Aufbruchstimmung spürt.

Bunte Wochenmärkte, quirlige Kneipen, Museen, modernste Architektur, multikulturelle Gastronomie – das ist der Mix, der Amsterdam so faszinierend macht. Überzeugen Sie sich selbst!

UNSERE LIEBLINGE

Hier schlägt das Herz der Autoren höher

❤1 Van Gogh Museum Hierher zieht es mich immer wieder. An den leuchtenden Landschaften kann ich mich nie sattsehen. Mein Favorit ist »Das Weizenfeld unter Gewitterwolken« mit dem dramatisch blauen Himmel. › **S. 51** *(S. Kilimann)*

❤2 Café Winkel 43 Appeltaart backen die Holländer wie keine andere Nation. Am besten schmeckt mir der Klassiker hier: die Taart nicht zu süß und der Service immer sehr freundlich. › **S. 64** *(S. Kilimann)*

❤3 Café 't Monumentje Der Jordaan lohnt zu jeder Tageszeit. Beim nächtlichen Kneipenbummel hat es mir im Café 't Monumentje besonders gefallen. Nettes Ambiente, gute Stimmung – hier kommt man leicht ins Gespräch. › **S. 71** *(R. Knoller)*

❤4 Groot Melkhuis Der Vondelpark ist mir von allen Amsterdamer Parks der liebste. Hier treffen sich Jogger, Skater, Rosenliebhaber und Erholungssuchende. Im Groot Melkhuis sitze ich gern auf der Terrasse, bei Sonnenschein, versteht sich. › **S. 75** *(C. Nowak)*

❤5 Het Scheepvaartmuseum Hier wird Seefahrtgeschichte erzählt und zu virtuellen Reisen eingeladen. Sogar eine Seeschlacht kann man nachspielen. So macht mir Museum Spaß. › **S. 91** *(C. Nowak)*

❤6 Pllek In Noord, zu erreichen mit der kostenlosen Fähre, findet man modernste Architektur, witzige Cafés und Restaurants. Das Pllek, eine Mischung aus Bar und Restaurant, ist (m)eine echte Entdeckung. › **S. 120** *(R. Knoller)*

TOP-12-HIGHLIGHTS

Die wichtigsten Sehenswürdigkeiten auf einen Blick

1 Amsterdam Museum Hier erfährt man vieles über die Vergangenheit, die Gegenwart und die Zukunft der Stadt. › **S. 12**

2 Oude Kerk Im ältesten noch erhaltenen Steingebäude der Stadt liegt u. a. Rembrandts Ehefrau begraben. › **S. 15**

3 Zeedijk Eine der ältesten Straßen Amsterdams führt ins Herz des Rotlichtbezirks. › **S. 27**

4 Rembrandthuis Die Ausstellung gibt tiefe Einblicke in die Lebens- und Arbeitsverhältnisse des Altmeisters. › **S. 31**

5 Keizersgracht Es ist die breiteste und bezauberndste Gracht der Stadt. › **S. 39**

6 Rijksmuseum Präsentiert werden Werke der Malerei des Goldenen Zeitalters. › **S. 50**

7 Van Gogh Museum Die weltgrößte Sammlung des Pioniers begeistert. › **S. 51**

8 Egelantiersgracht Die grüne, hübsche Gracht liegt im Szeneviertel Jordaan. › **S. 67**

9 Hortus Botanicus In dem botanischen Paradies findet man Schätze aus den ehemaligen Kolonien › **S. 94**

10 Wohnblock Piraeus auf Java- & KNSM-Eiland Spektakuläre Architektur prägt das Bild. › **S. 100**

11 Albert Cuypmarkt Auf dem bunten Wochenmarkt in De Pijp wird Schrilles und Schönes angeboten. › **S. 108**

12 Filmmuseum EYE Hier lagern rund 40 000 Filme aller Epochen. › **S. 123**

MEINE ENTDECKUNGEN

....

....

....

....

....

....

....

....

....

....

....

....

....

....

Centrum

Highlights vom Bahnhof zum Spui

Centraal Station › **Alte Börse** › **Dam** › **Königlicher Palast** ›
Nieuwe Kerk › **Amsterdam Museum** › **Begijnhof** › **Spui**

Start:	Ⓗ **Centraal Station (Metro, Busse, Straßen-** **bahnen 1, 2, 4, 5, 9, 13, 16, 17, 24, 26)**
Ziel:	Ⓗ **Spui (Straßenbahnen 1, 2, 5)**
Wann:	**jederzeit**
Distanz:	**1,5 km**

Durch das Bahnhofsviertel führt der Spaziergang zum Nationaldenkmal, zum Königlichen Palast und zur Krönungskirche Nieuwe
Kerk. Nach dem Besuch des Amsterdam Museums kann man den
Spaziergang entweder lebhaft in einem der Lokale am Spui oder
in aller Ruhe im Innenhof des Begijnhof ausklingen lassen.

Beurs van Berlage Café

Der Amsterdamer **Hauptbahnhof** **1** (Centraal Station) ist nicht nur Verkehrsknoten-
punkt, sondern auch eine Sehenswürdigkeit. Er wurde 1889 im Stil des Historismus
erbaut und fand international so viel An-
klang, dass er dem Bahnhof in Tokio als Vor-
bild diente.

Über den Damrak erreicht man die **Alte
Börse** **2** (Beurs van Berlage), erbaut 1903, die heute ein Kon-
zert- und Kulturzentrum ist. An der Südseite befindet sich das
nach dem Architekten der Börse benannte **Bistro Berlage** **3**,
dessen Inneneinrichtung im Jugendstil gehalten ist (Mo 10–18,
Di–Sa 10–22, So 11–22 Uhr, €€).

Am Dam, dem ehemaligen Marktplatz, erhebt sich an der Ostseite das **Nationaldenkmal** `4`. Der 22 m hohe Obelisk erinnert an die Opfer des Zweiten Weltkriegs. In den Gedenkstein wurden Behälter mit Erde aus allen elf holländischen Provinzen eingemauert. Auf der Südseite des Platzes lockt das Wachsfigurenkabinett von **Madame Tussauds** `5` Touristen an (Dam 20, Juni bis Sept. tgl. 10–20 Uhr, Eintritt 23,50 €, 5–15 J. 19,50 €, Rabatt bei Onlinekauf).

Gegenüber liegt der **Königliche Palast** `6`. Er wurde zwischen 1648 und 1655 errichtet und diente einst als Rathaus. Seit 1808 ist das Gebäude königliche Residenz. Bis zum heutigen Tag wohnt die königliche Familie hier, wenn sie in Amsterdam weilt. Dann kann der Palast nicht besichtigt werden, sonst sehr wohl (Koninklijk Paleis, www.paleisamsterdam.nl, tgl. 10–17 Uhr). Im prachtvollen Inneren ist vor allem der Bürgersaal sehenswert,

Königlicher Palast

u.a. mit eindrucksvollen Kronleuchtern. Die **Nieuwe Kerk** `7` gleich nebenan ist die Krönungs- und Hochzeitskirche des holländischen Königshauses (tgl. 11–17 Uhr). Der Name »Neue Kirche« ist etwas irreführend, denn das Gotteshaus aus dem frühen 15. Jh. zählt zu den ältesten Bauwerken der Stadt.

Zwischen dem Königlichen Palast und der Nieuwe Kerk führt der Weg hindurch zum **Magna Plaza Shopping Center** (s. Shopping, S. 143). Auch wer nicht in den Edelshops einkaufen möchte, sollte einen Abstecher in das im späten 19. Jh. erbaute, neugotische Gebäude der **ehemaligen Hauptpost** machen. Die an italienische Klöster erinnernden Treppenaufgänge lohnen mehr als nur einen Blick. Im Untergeschoss lädt die Ausstellung »Rembrandt – All his paintings« ein. Hier sind alle seine Gemäl-

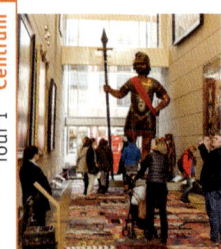

Amsterdam Museum

de als digital aufbereitete Drucke zu sehen. Auf dem Nieuwezijds Voorburgwal erreicht man das **Amsterdam Museum** **8** ⭐, das einen kurzweiligen Einblick in die Geschichte der Stadt erlaubt (www.amsterdammuseum.nl). Das gemütliche Museumscafé bietet sich ebenso für einen Imbiss an, wie die Brasserie 353 gleich gegenüber dem Eingang (€). In unmittelbarer Nachbarschaft befindet sich am Spui-Platz der **Begijnhof** **9** (tgl. 9–17 Uhr). Hier wohnen heute ältere Damen gegen eine geringe Miete in historischen Häusern aus dem 15. Jh. Ursprünglich dienten die Gebäude als Wohnort für ledige und verwitwete Frauen, die Beginen, die sich dem katholischen Glauben widmen, aber nicht in ein Kloster eintreten wollten. Der Zugang in den Begijnhof erfolgt durch eine relativ unscheinbare Holztür vom Spui aus.

Am **Spui** liegen – auch wegen der Nähe zur Universität – einige urige Kneipen (u. a. Café Luxembourg oder das Café Hoppe, das älteste Lokal der Stadt) und mehrere Buchhandlungen. Mitten auf dem Platz steht **Het Lieverdje**, die Statue eines Amsterdamer Gassenjungens, die Anfang der 1960er-Jahre von einer Tabakfabrik gestiftet wurde. Das Monument wurde von der damaligen Studentenbewegung als Symbol für die Kommerzialisierung der Gesellschaft gewertet und war deswegen immer wieder der Ausgangspunkt von Demonstrationen.

MAL PAUSE MACHEN

Eine Oase der Stille ist der **Begijnhof:** durch die Holztür eintreten, aufs Mäuerchen setzen, durchatmen, Kraft tanken. Und schön leise sein – auch die Bewohnerinnen schätzen die Ruhe.

Touren im Anschluss: 2, 4, 13, 21

Spaziergang vom Dam zur Zuiderkerk

Nationaldenkmal › **Damstraat** › **Oudezijds Voorburgwal** ›
Oude Kerk › **Oudekennis Steeg** › **Waag** › **Kloveniersburgwal** ›
Nieuwe Hoogstraat › **Zuiderkerk** › **St. Antoniesluis**

Start:	Ⓗ Dam (Straßenbahnen 1, 2, 4, 5, 9, 13, 16, 17, 24, 26)
Ziel:	Ⓗ Waterlooplein (Metro, Straßenbahnen 9, 14)
Wann:	jederzeit, auch als Abendspaziergang
Distanz:	2 km

Der Spaziergang führt vom Nationaldenkmal am Dam durch den Rotlichtbezirk und endet an der Zuiderkerk. Hier zeigt sich Amsterdam von seiner freizügigen Seite. Man lernt ebenfalls ein gediegenes und lebendiges Altstadtviertel kennen. Auf zwei Kirchtürme kann man hinaufsteigen und die Aussicht genießen.

Nationaldenkmal

Vom **Nationaldenkmal** **1** am Dam aus – das 22 m hohe Monument erinnert an die Befreiung Amsterdams von den Nazi-Deutschen im Zweiten Weltkrieg – führt der Weg hinein in die **Damstraat,** eine Einkaufsstraße voller Billigläden und Imbisse. Die Geschäfte im darauf folgenden Oudezijds Voorburgwal tragen Namen wie »Pure Lust« und verkaufen Erotikzubehör, Coffeeshops bieten Marihuana zum »vor-Ort-Verzehr« an. Unverkennbar: Sie befinden sich im **Rotlichtbezirk** der Stadt.

An der Gracht entlang führt der Weg zur **Oude Kerk** **2** ⭐ (oudekerk.nl, Mo–Fr 10–18, So 13–17.30 Uhr). Die »Alte Kirche« wurde bereits im späten 13. Jh. erbaut, sie ist das älteste noch erhaltene Steingebäude Amsterdams und trägt ihren Namen daher zu Recht. Im Kircheninneren liegt Saskia van Uylenburgh, die Ehefrau Rembrandts, begraben. Lohnend ist der Aufstieg hinauf auf den Westturm der Kirche, von dem aus man einen beeindruckenden Blick über die Innenstadt genießt (April–Okt., Mo–Sa 13–18 Uhr, 8 €). Die Kirche

Oude Kerk

ist auch Veranstaltungsort für Konzerte und Ausstellungen. Der **Oude Kerksplain** ist wegen seiner bunten Mischung einer der interessantesten Plätze in der Amsterdamer Altstadt. Direkt neben den »Fenstern« der Damen aus dem ältesten Gewerbe der Welt reihen sich ganz alltägliche urbane Einrichtungen wie eine Kindertagesstätte und eine Radiostation. Und auch die meisten Lokale hier haben mit dem Rotlichtmilieu so gar nichts zu tun. Das **Anna** ist Treffpunkt für Künstler und Kreative und bietet hervorragende Fisch- und Fleischgerichte (s. Restaurants, S. 136). Das **Quartier Putain** trägt zwar das Wort »Hure« in seinem französischen Namen, ist aber ansonsten ein profanes Café (€).

Im **PIC,** dem Prostitution Information Center an der Ecke zum Enge Kerksteeg 3, kann man Touren durch den Rotlichtbezirk buchen. Mittwochs, freitags und samstags um 17 Uhr führt eine Ex-Dirne Gäste sachkundig durch das Viertel.

Über den Oudekennis Steeg kommt man zur **Waag** **3**. Ehemals Teil der Stadtmauer, wurde das 1488 erbaute Gebäude später Amsterdams offizielle Waage. Auch die Stände zogen hier ein und hielten ihre Versammlungen ab. Etwas makaber:

In De Waag kamen auch die Chirurgen ihren »Zunftpflichten« nach – die u. a. darin bestanden, die Leichen von Hingerichteten zu sezieren. Wer wollte, durfte zusehen; laut historischen Aufzeichnungen war das damals eine beliebte Freizeitbeschäftigung der Amsterdamer. Praktisch für die Mediziner – nicht weit von diesem Ort, auf dem **Nieuwmarkt,** wurden seinerzeit die

Straftäter hingerichtet. Heute findet hier ein **Antik- und Büchermarkt** statt, und auch für einen **Lebensmittelmarkt** (samstags nur Biolebensmittel) ist noch genügend Platz. Das rustikale Café-Restaurant De Waag lockt mit ausgezeichneten Kuchen und günstigem Mittagstisch Gäste an (Nieuwmarkt 4, €€).

Nieuwmarkt

Am **Kloveniersburgwal** spaziert man an der Gracht entlang bis das Haus mit der Nummer 29 in den Blick kommt: Das **Trippenhuis 4** ist mit 22 m das breiteste Wohnhaus der Stadt. Im 19. Jh. war hier zeitweise das Rijksmuseum untergebracht. An der Nieuwe Hoogstraat biegt man zur **Zuiderkerk 5** ab. Die Backsteinkirche im holländischen Renaissancestil ist schon lange profaniert, eine Ausstellung im Kircheninneren informiert über die unterschiedlichen Ansätze im Amsterdamer Wohnungsbau. Schön ist der Blick vom 80 m hohen Kirchturm (derzeit wegen Restaurierung geschl.).

An der St. Antoniesluis, gleich neben dem putzigen Wirtshaus de Sluyswacht, bietet sich **eine bequeme Bank** für eine verdiente Pause mit Grachtenblick an.

MAL PAUSE MACHEN

Am Ende des Spaziergangs kann man sich im de Sluyswacht (Jodenbreestraat 1, €) an der **St. Antoniesluis 6** stärken, bevor man vom Waterlooplein aus die Rückfahrt antritt.

Touren im Anschluss: 3, 5, 6

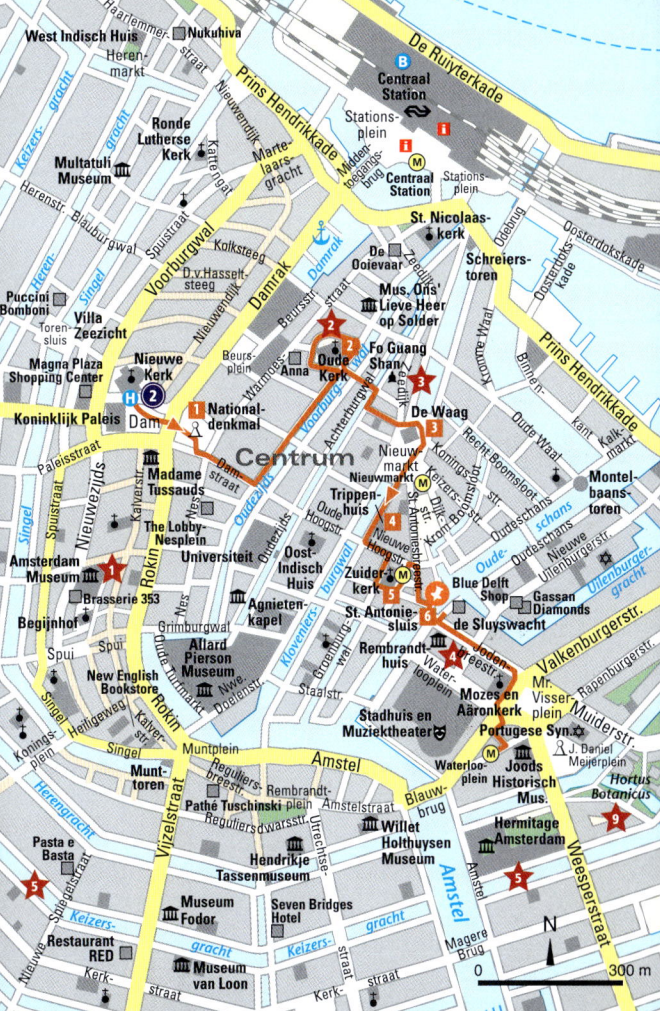

Centrum

Ansichten vom Bahnhof zum Waterlooplein

St. Nicolaaskerk › Schreierstoren › Geldersekade ›
Oude Waal › Montelbaanstoren › Oudeschans › Gassan
Diamonds › Jodenbreestraat › Mozes en Aäronkerk

Start:	Ⓗ Centraal Station (Metro, Busse, Straßenbahnen 1, 2, 4, 5, 9, 13, 16, 17, 24, 26)
Ziel:	Ⓗ Waterlooplein (Metro, Straßenbahnen 9, 14)
Wann:	Führungen bei Gassan Diamonds 9–17 Uhr
Distanz:	2 km

Dieser Spaziergang führt abseits der Hauptsehenswürdigkeiten vom Bahnhof zum Waterlooplein. An mehreren Stellen eröffnen sich schöne Blicke auf die Grachten. Zwei Türme der alten Stadtmauer sind für geschichtlich interessierte Besucher sehenswert. Auch die Diamantfabrik Gassan Diamonds und der Blue Delft Shop lohnen einen Besuch.

Hauptbahnhof

Direkt gegenüber dem 1889 mit rotem Backstein erbauten **Hauptbahnhof** liegt die 1887 in einer wilden Mischung historisierender Baustile errichtete katholische **St. Nicolaaskerk** ❶, die dem Schutzpatron der Stadt geweiht ist (Mo 12–15, Di–Fr 11–16 Uhr). Der Grachtenblick von der Brücke **Kolkswaterkering** nebenan ist ein äußerst beliebtes Fotomotiv. Der 1487 erbaute **Schreierstoren** ❷ (Schreierturm) ist der letzte noch erhaltene Verteidigungsturm Amsterdams. Es wird erzählt, dass sich der Turmname davon ableitet, dass sich die Frauen hier von ihren Seemännern verabschiedeten, bevor diese auf große Fahrt gingen. Stimmt aber nicht: Schreiersturm heißt er einzig deshalb, weil hier die Stadtmauer eine scharfe Kurve macht – und eine solche nennen die Niederländer »schray«. Richtig ist aber, dass die Matrosen, die sich auf den Weg nach Niederländisch-Ostindien

Im Schreierstoren bietet die Terrasse des **Voc Café** »Logenplätze«. Sichern Sie sich einen und genießen Sie den Blick über die Geldersgracht.
• Prins Hendrikkade 94–95, tgl. 10–1 Uhr, Fr/Sa bis 2.30 Uhr

machen wollten, hier auf günstigen Wind warteten, bis sich die Segelschiffe auf die Reise machen konnten. Nach der Ostindienkompagnie ist übrigens auch das Café benannt: »Voc« ist nämlich die Abkürzung für »Vereenigde Oostindische Compagnie«.

Der Geldersekade folgt man so lange, bis man die Gracht über eine kleine Brücke in Richtung der Binnen Bantammerstraat überquert. Hier befinden sich mehrere Restaurants, die sich für eine Essenspause auf dem Stadtspaziergang anbieten. Den Oude Waal hinunter führt der Weg weiter zum **Montelbaanstoren** 3, erbaut 1512. Ursprünglich war das ein Ausguck in der Stadtmauer. Als man ihn nicht mehr benötigte, setzte man ihm im frühen 17. Jh. eine Zierspitze auf und versah ihn mit einem Glockenspiel. Seitdem hat der Turm eine Höhe von 48 m. Im Volksmund wird der Turm als »Malle Jaap« bezeichnet – frei übersetzt etwa »alberner Jacob«. Denn die Uhr des Turms ging schon immer notorisch falsch und auch das Glockenspiel tönte meist nur nach Lust und Laune, aber selten nach Plan. Die **Oudeschans**, der Kanal an dem man nun entlanggeht, wurde zwi

Schreierstoren

schen 1515 und 1518 als äußere Verteidigungslinie an der östlichen Stadtseite gegraben – daher auch der Name »äußere Schanze«.

Über die nun folgende Brücke – von ihr hat man einen schönen Blick zurück auf den Montelbaanstoren und voraus auf die Schleuse St. Antoniesluis – geht man hinüber zur Nieuwe Batavier Straat. Weiter durch die Nieuwe Uilenburgerstraat erreicht

man **Gassan Diamonds** 4. In der Diamantenfabrik kann man an kostenlosen Führungen teilnehmen und zusehen, wie die Rohdiamanten geschliffen werden (Führungen vorab buchen: www.gassan.com/en/tours, s. Shopping, S. 142). Wer beim anschließenden »Betriebsverkauf« kein exklusives Mitbringsel nach seinem Geschmack findet, wird vielleicht beim berühmten Porzellan im **Blue Delft Shop** fündig – wobei genau genommen das berühmte Delfter Porzellan gar kein Porzellan ist, sondern Steingut (tgl. 9.30–18 Uhr).

Über den Uilenburger Steeg und die Jodenbreestraat kommt man zur neoklassizistischen **Mozes en Aäronkerk** 5, in der heute allerdings keine Messen mehr gelesen werden. Die Kirche wird für Ausstellungen und Konzerte genutzt. Trotzdem kann man das Bauwerk besichtigen, besonders sehenswert ist der Marmoraltar, der 14 Szenen aus dem Leben von Jesus Christus zeigt.

Am Waterlooplein, dem Zentrum des jüdischen Amsterdam, geht dieser Spaziergang zu Ende.

Touren im Anschluss: 2, 6, 21

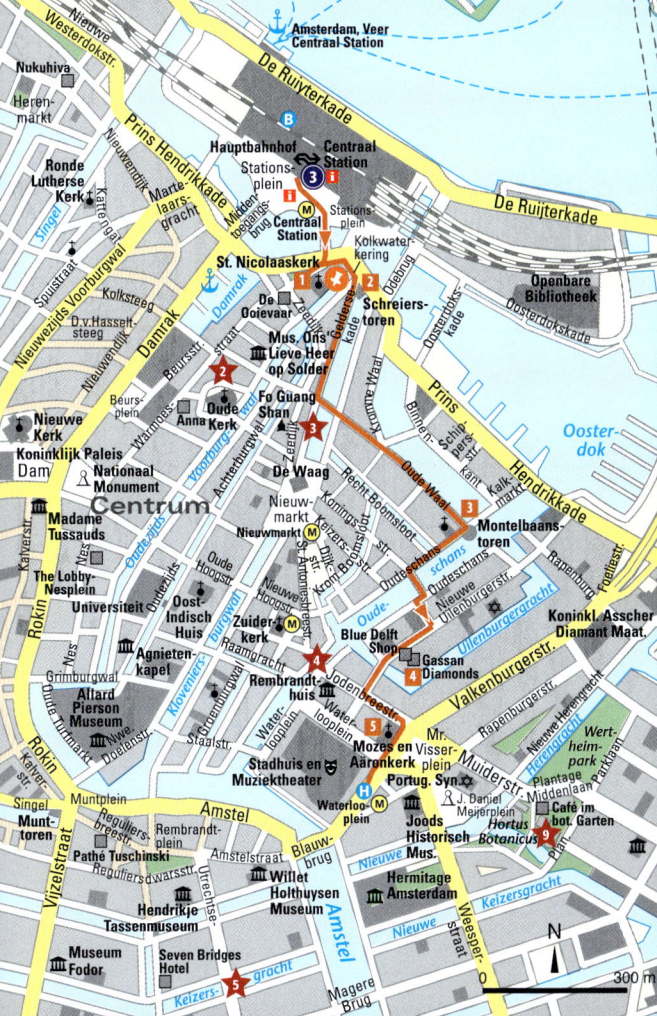

Shoppingvergnügen in der City

Muntplein › Kalverstraat › Dam › Koninklijk Paleis › Magna Plaza › De Bijenkorf › Nieuwendijk

Start:	Ⓗ Muntplein (Straßenbahnen 4, 9, 14, 16, 24)
Ziel:	Ⓗ Centraal Station (Metro, Busse, Straßenbahnen 1, 2, 4, 5, 9, 13, 16, 17, 24, 26)
Wann:	tagsüber, die meisten Geschäfte sind Di–Sa 10–18 Uhr geöffnet, So/Mo ab 13, Do teils bis 21 Uhr
Distanz:	1,7 km

Modisches zum Anziehen, Dekoratives für die Wohnung, Schuhe bis zum Abwinken – all das findet sich in den Geschäftsstraßen Kalverstraat und Nieuwendijk. Beide sind beliebte Shoppingmeilen, insbesondere an den Wochenenden. Zu kaufen gibt es vor allem modischen »Mainstream« fürs normale Budget.

Kalverstraat

Am Muntplein, dem einstigen Münzplatz, beginnt die **Kalverstraat,** wo die Amsterdamer bis ins 17. Jh. hinein Kälber kaufen konnten. Heute sieht das Warenangebot natürlich ganz anders aus. Auf der rund 1000 m langen, autofreien Straße reihen sich die Filialen international bekannter Ketten. Wer gern englische Bücher liest, wird zum Auftakt einen Blick in den **New English Bookstore 1** werfen. Das Sortiment ist etwas chaotisch zusammengewürfelt, die günstigen Preise trösten darüber aber hinweg (Nr. 223, s. Shopping, S. 143). Besonders üppig ist das Angebot an Schuhen – Nike, Timberland, Footlocker, Clarks u. a. Marken präsentieren hier Modisches und Praktisches für die Füße. Nach trendigen Pumps, Ballerinas und Boots kann man z. B. bei **Sacha** (Nr. 2) auf die Suche gehen. Auch etliche Läden mit angesagter Oberbekleidung finden sich entlang der Kalverstraat, das Sortiment der meisten zielt auf die »Taschengeld-Klientel« ab. Exklusivere Damenmode gibt es bei Claudia Sträter (Nr. 179). Die Kalverstraat endet am **Dam,** einem der zentralen Plätze Amsterdams.

Er wird vom **Koninklijk Paleis** **2** dominiert, das ursprünglich einmal das Amsterdamer Rathaus gewesen ist, 1808 dann aber vom damaligen König Louis Bonaparte als Residenz beansprucht wurde (www.paleis amsterdam.nl, tgl. 10–17 Uhr). Nach seiner Regentschaft bekam die Stadt das Gebäude

Magna Plaza

zurück, doch konnte sie es sich nun nicht mehr leisten, ein so prunkvolles Rathaus zu unterhalten. In den 1930er-Jahren kaufte der Staat der Stadt das Paleis ab, von der königlichen Familie wird es bis heute gelegentlich für repräsentative Auftritte genutzt. Gleich hinter dem Palast liegt ein »königliches« Shoppingcenter – das **Magna Plaza** **3** (s. Shopping, S. 143). Unter dem Dach des prachtvollen Gebäudes von 1899 verteilen sich mehr als 20 Läden auf vier Etagen, zu kaufen gibt es in erster Linie Kleidung und Kosmetik. Im Untergeschoss zeigt die Dauerausstellung **Rembrandt – all his Paintings** Nachbildungen aller Gemälde des Künstlers in chronologischer Reihenfolge (Raadhuisstraat 182, tgl. 12–19 Uhr).

Vorbei an der Nieuwe Kerk geht es zurück zum Dam. An dessen nördlichem Rand findet sich **De Bijenkorf** 4 (Nr. 1), eines der beliebtesten Kaufhäuser der Stadt. Hinter der historischen Fassade geht die Kundschaft hier schon seit 1915 auf die Suche nach schöner Kleidung und Körperpflegeartikeln (s. Shopping, S. 141). Heute gehören Designertextilien und Jeans, Sportbekleidung, Schuhe, Accessoires, Kosmetika und Möbel zum Warenangebot. Weiter geht es auf dem Nieuwendijk, wo sich das Shoppingvergnügen noch eine Weile fortsetzen lässt. Hier kann man in weiteren Schuhläden stöbern oder bei **Holland & Barrett** (Nr. 106) das Sortiment von Schönheits- und Gesundheitsprodukten aus natürlichen Rohstoffen durchforsten.

Je weiter man sich vom Dam entfernt und sich in Richtung Bahnhof bewegt, desto größer wird die Dichte der Coffee Shops, die auf bunt beschrifteten Tafeln »Magic Mushrooms« bewerben. Wer eher prickelnden Getränken als den psychoaktiven Pilzen zugetan ist, der kann sich am Ende des Nieuwendijk mit edlem Champagner eindecken. Oder mit Absinth: Das hochprozentige Getränk war von der zweiten Hälfte des 19. Jhs. bis in das frühe 20. Jh. v. a. in Künstlerkreisen sehr beliebt. 1915 wurde »die grüne Fee« wegen gesundheitsschädigender Wirkung in vielen Ländern verboten. Moderne Studien konnten den verheerenden Effekt jedoch nicht belegen. Daraufhin haben viele Staaten die Absinth-Herstellung und den Verkauf wieder legalisiert.

Touren im Anschluss: 1, 2, 3, einstündige Grachtenrundfahrt ab Anleger Prins Hendrikkade

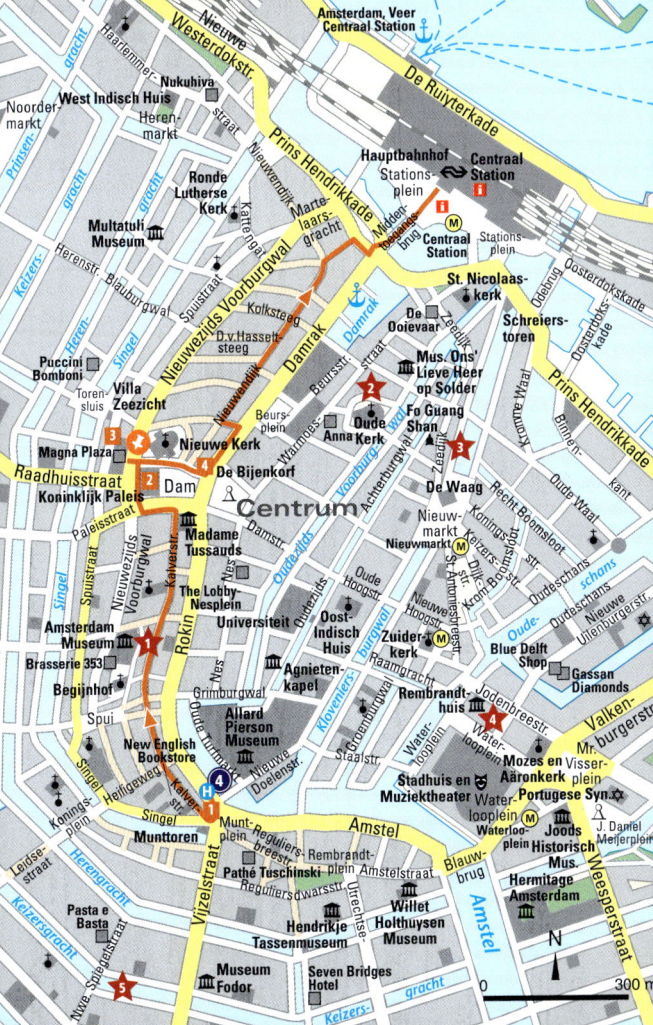

Durch Chinatown und Rotlichtviertel

Prins Hendrik Hotel › **Zeedijk** › **Fo Guang Shan He Hua Temple** › **Nieuwmarkt/De Waag** › **Museen** › **Warmoesstraat** › **Nationaldenkmal** › **Dam** › **Nes**

Start:	Ⓗ Centraal Station (Metro, Busse, Straßenbahnen 1, 2, 4, 5, 9, 13, 16, 17, 24, 26)
Ziel:	Ⓗ Rokin (Straßenbahnen 4, 9, 14, 16, 24)
Wann:	vorzugsweise als Nightlife-Tour mit vielen Einkehrmöglichkeiten
Distanz:	2,3 km

Der Spaziergang durch das Rotlichtviertel führt durch die Amsterdamer Altstadt und bietet vielfältige Amüsements – von eher rustikaler Unterhaltung bis zu hochklassigem Entertainment.

Im Zeedijk

Vom Hauptbahnhof erreicht man in wenigen Schritten die Prins Hendrikkade, auf der man sich Richtung Osten wendet und den Damrak überquert. Wer den Spaziergang gleich mit einem Restaurantbesuch beginnen möchte, kehrt in der Prins Hendrikkade 50 ins **Dwaze Zaken** ein. Das Lokal bietet Hausmannskost, Gemütlichkeit und reichlich Bier (ab 9 Uhr, €). Das **Prins Hendrik Hotel** **1** gleich um die Ecke hat seine besten Zeiten hinter sich, bietet aber die Vorlage für eine dramatische Geschichte: Hier ist nämlich im Mai 1988 der weltberühmte Jazzmusiker Chet Baker im Drogenrausch aus dem Fenster zu Tode gestürzt. Eine andere Version behauptet, dass ihn Drogendealer aus dem Hotelfenster warfen. Wie dem auch sei – eine Gedenkplatte erinnert heute an den tragischen Tod des Musikers.

Der Weg führt weiter in den **Zeedijk**  hinein, eine der ältesten Straßen Amsterdams. 1544 wurde sie als erste mit einer dauerhaften Nachtbeleuchtung ausgestattet. Im Zeedijk reiht sich ein Lokal ans andere. In der populären Bierkneipe **Het Elfde Gebod** gönnen sich auch die Einheimischen das ein oder andere Bier (Nr. 5, €). Schwules Publikum trifft man u. a. in **De Engel van Amsterdam** an (Nr. 21, ab 13 Uhr).

Hier in der **Chinatown** Amsterdams reihen sich viele asiatische Restaurants und kleine Asienläden aneinander. Rechter Hand kommt man zum buddhistischen **Fo Guang Shan He Hua Temple** **2**, dem Tempel der Lotusblüte (geführte Touren Sa 14, 15 und 16 Uhr). Das **New King Mandarin Cuisine** gilt als eines der besten chinesischen Restaurants der Stadt und ist meist sehr gut besucht (Nr. 115–117, €€). Für einen kleinen Zwischenstopp – kurz bevor man das eigentliche Rotlichtviertel erreicht – bietet sich das **Latei** an, ein kleines, sehr liebevoll eingerichtetes Café (Nr. 143, Mo–Mi und So bis 18 Uhr, sonst bis 22 Uhr, €).

Auf dem **Nieuwmarkt** erreicht man **De Waag** **3**. Das 1488 erbaute Gebäude war ursprünglich ein Tor der Stadtmauer, wurde aber im frühen 17. Jh., der Blütezeit Amsterdams, zum Sitz der Zünfte umfunktioniert. Durch die Bloedstraat stößt man auf den

Buddhistischer Tempel

MAL PAUSE MACHEN

Nehmen Sie doch eine Weile auf der Terrasse des **In De Waag** Platz – dann ist das rege Treiben drum herum ganz nah und doch weit weg.
- Nieuwmarkt 4, ab 9 Uhr, Mittagessen 10–16 Uhr, Abendessen 17–22 Uhr

Oudezijds Achterburgval. Entlang dieser Gracht sitzen auf beiden Uferseiten die Damen des ältesten Gewerbes der Welt hinter ihren Fenstern und warten auf ihre Freier. Rund 1000 Frauen bieten ihre Dienste im Amsterdamer Rotlichtviertel an.

Von hier aus kann man einige ausgefallene **Museen** **4** besuchen, die jedenfalls thematisch gut in die Gegend passen: das **Hasch-, Marihuana- und Hanfmuseum** (Oudezijds Achterburgval 148, hashmuseum.com, 10–22 Uhr), das **Museum der Prostitution** (Nr. 58, 11–0 Uhr) und das **Erotikmuseum** (Nr. 54, 11–1 und Sa bis 2 Uhr). Kurz vor diesem Museum biegt man ab und erreicht so den Oude Kerksplein. Die **Oude Kerk,** die alte Kirche, ist heute ein Kunst- und Kulturzentrum (s. Tour 2).

Schnellen Schrittes geht es durch die **Warmoesstraat** – denn hier wirkt das Viertel mit Kneipen à la Ballermann, Billigsouvenirshops und Stripshows wenig reizvoll. Am Ende der Straße erreicht man den Dam mit dem **Nationaldenkmal** **5**. Weiter geht es in die Straße **Nes** hinein. Hier ändert sich die Stimmung: Feine Restaurants, niveauvolle Kneipen und mehrere Theater (u. a. in Nr. 110 ein Theater, in dem vorrangig englischsprachige Stand-up-Comedy gespielt wird) prägen die Nes.

Ein schöner Abschluss der Tour ist der Besuch im Lokal **The Lobby – Nesplein,** wo vom Frühstück bis zum Late Night Cocktail Amsterdamer Geselligkeit gepflegt wird (Nr. 49, s. Restaurants, S. 137). Von hier aus sind es nur wenige Schritte zu der Straßenbahnhaltestelle am Rokin.

Touren im Anschluss: 2, 21

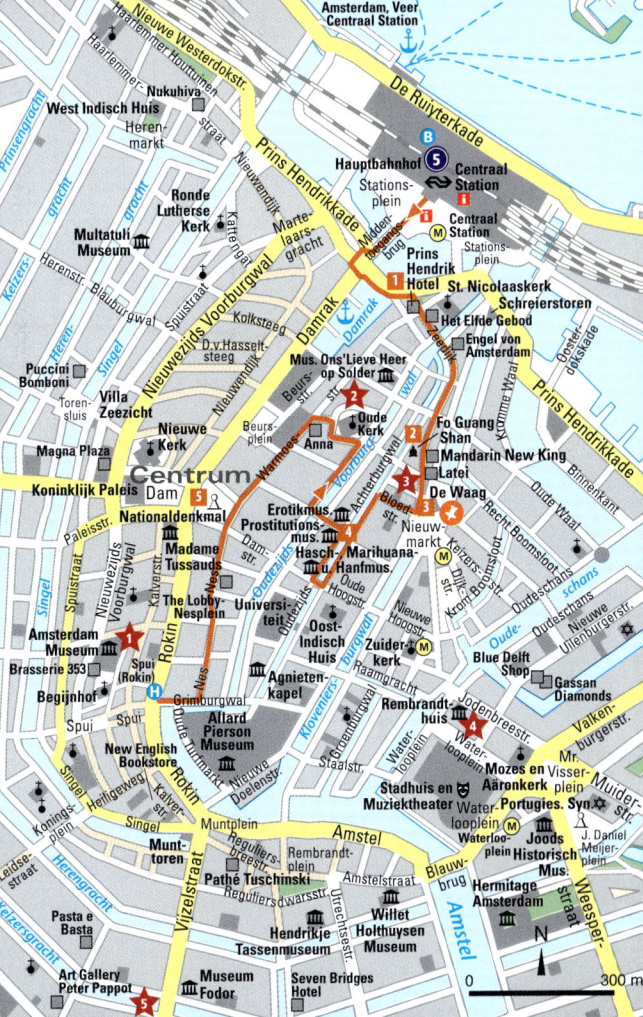

Jüdisches Viertel und viel Kunst

**Stopera › Waterlooplein Market › Het Rembrandthuis ›
Portugiesische Synagoge › Jüdisch-Historisches Museum ›
Hermitage Amsterdam › Magere Brug**

Start:	Ⓗ **Waterlooplein (Metro, Straßenbahnen 9, 14)**
Ziel:	Ⓗ **Waterlooplein (Metro, Straßenbahnen 9, 14)**
Wann:	**tagsüber, der Markt findet Mo–Sa statt**
Distanz:	**2,4 km**

Die Gegend um den Waterlooplein war einst das jüdische Viertel Amsterdams. Die deutschen Besatzer setzten diesem Kapitel der Stadtgeschichte ein bitteres Ende. Heute kann man hier wieder spannende Zeugnisse der jüdischen Kultur entdecken, aber auch Rembrandt und anderen großen Künstlern näherkommen.

Stopera

Rund fünf Jahrzehnte lang war der **Waterlooplein 1** der Ort, an dem jüdische Händler ihre Waren verkauften und die Menschen aus dem umliegenden, jüdisch geprägten Viertel Besorgungen machten. Nach der Verfolgung und Ermordung durch die Nazis war die jüdische Bevölkerung Amsterdams auf einen Bruchteil geschrumpft, und viele Häuser am Waterlooplein standen am Ende des Zweiten Weltkriegs leer. In den folgenden Jahrzehnten verpassten die Stadtplaner der Gegend dann ein neues Gesicht. Einen Großteil des Waterllooplein nimmt heute ein Doppelgebäude ein, das **Stopera 2** genannt wird, weil es das Rathaus (Stadhuis) und die Amsterdamer Oper beherbergt. Bei einem Spaziergang entlang der **Amstel** kann man die in den 1980er-Jahren errichtete Stopera in Augenschein nehmen. Viel attraktiver ist aber die pittoreske Grachtenhaus-Silhouette am anderen Ufer des kanalisierten Flusses. Hinter Stadhuis und Oper, auf dem **Waterlooplein Market** **3**, schlagen Händler an sechs Tagen pro Woche ihre Stände auf (Mo–Sa 9.30–18 Uhr). Der Waterlooplein Market firmiert offiziell als Flohmarkt, neben alten Dingen gibt es aber längst auch etliche Stände mit fabrikneuem Nippes und Billigtextilien. Üppig ist das Angebot an alten Fahrrädern und gebrauchtem Zubehör.

In der Jodenbreestraat 4 wohnte und arbeitete über 20 Jahre lang Rembrandt van Rijn. In dem Viertel, in dem sich Juden aus aller Welt niedergelassen hatten, fand der vor allem unter seinem Vornamen bekannte

Het Rembrandthuis

Maler die Gesichter für seine Gemälde mit biblischer Thematik. Während viele seiner Ölgemälde im Rijksmuseum hängen, zeigt das **Het Rembrandthuis** **4** ⭐ 250 seiner Radierungen sowie einige Zeichnungen. Interessant ist auch die Kunstkammer mit Teilen der Kunst- und Kuriositätensammlung, die Rembrandt zum eigenen Vergnügen zusammengetragen hatte (www.rembrandthuis.nl, tgl. 10–18 Uhr, 13 €, bis 17 J. 4 €).

Wer am Mr. Visserplein 3 um Einlass bittet, kann – mit Hilfe eines gut gemachten Audioguides – das schönste Bauwerk des jüdischen Glaubens in Holland erkunden: die **Portugiesische Synagoge** **5** (So–Fr 10 bis 16 Uhr, Nov.–März Fr nur bis 14 Uhr). Juden, die im 17. Jh. vor der Inquisition von der

⭐ MAL PAUSE MACHEN

Die **Portugiesische Synagoge** ist ein wunderbarer Ort, um zu entspannen. Setzen Sie sich auf eine Bank und lassen Sie die Atmosphäre auf sich wirken.

Iberischen Halbinsel in die Niederlande geflohen waren, hatten sie errichten lassen. 1675 wurde die Synagoge eingeweiht, heute ist sie das einzige jüdische Gotteshaus Amsterdams, in dem noch Gottesdienste abgehalten werden.

In der Nachbarschaft hat das **Jüdisch-Historische Museum** 6 seinen Sitz (J.D. Meijerplein 2–4, jck.nl, tgl. 11–17 Uhr). Der Museumskomplex verbindet und nutzt die Räumlichkeiten von vier Synagogen, die ihre Gemeinden durch den Holocaust verloren hatten und nach 1945 verwaist dastanden. Heute machen die Große Synagoge, die Neue Synagoge, das »Tauchbad« und andere Einrichtungen Besucher mit verschiedenen Aspekten des jüdischen Lebens bekannt. Zudem gibt es Wechselausstellungen, eine Mediathek lädt zu vertiefender Recherche und das koschere Café-Restaurant zu einer kulinarischen Stärkung ein.

Jüdisch-Historisches Museum

Wieder der Amstel folgend, erreicht man die **Hermitage Amsterdam** 7, sie ist nach London und Las Vegas der dritte Ableger der weltberühmten St. Petersburger Kunstsammlung. Rund 300 Jahre lang hatte der klassizistische Gebäudekomplex als Alten- und Pflegeheim der Stadt gedient. Seit 2009 werden in seinen lichtdurchfluteten Flügeln in wechselnden Ausstellungen Werke aus dem russischen Mutterhaus präsentiert (tgl. 10 bis 17 Uhr, hermitage.nl, Zeitfenstertickets online buchen). Nur ein paar Schritte sind es bis zur **Magere Brug** 8. Die hölzerne Zugbrücke, die abends von 1200 Glühlampen beleuchtet wird, ist die Lieblingsbrücke der Amsterdamer und die meist fotografierte dazu. Zum Waterlooplein ist es nur ein kurzer Fußmarsch.

Tour im Anschluss: 22

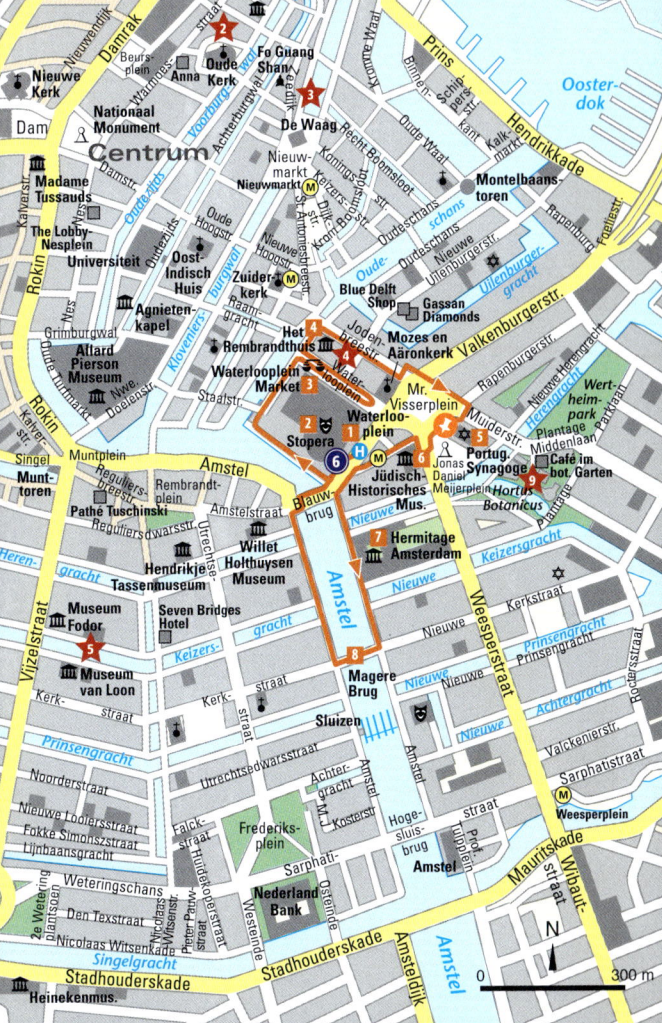

Spiegelkwartier

Bilderbuchansichten und jede Menge Kunst

Stadsschouwburg › **Weteringsschans** › **Spiegelgracht** ›
Nieuwe Spiegelstraat › **Herengracht** › **Rembrandtplein** ›
Muntplein

Start:	Ⓗ Leidseplein (Straßenbahnen 1, 2, 5, 7, 10)
Ziel:	Ⓗ Muntplein (Straßenbahnen 4, 9, 14, 16, 24)
Wann:	tagsüber, zu den Geschäftszeiten
Distanz:	2 km

Vom quirligen Leidseplein ist es nicht weit bis ins »Spiegel-kwartier« – und dort reihen sich Geschäfte für Antiquitäten und Kunst wie Perlen an einer Schnur. Grachten und viele kleine Brücken bilden die malerische Kulisse.

American Hotel

Um den **Leidseplein** versammeln sich Kinos, Theater, Hotels, Restaurants, Kneipen und Bars jedweder Couleur. Prominenter Blickfang ist der 1894 errichtete barocke Prachtbau des Stadttheaters – die **Stadsschouwburg** 1. Einen Blick hinter die Kulissen dieses Traditionshauses kann man während einer einstündigen Führung werfen (Mo–Sa 8–18 Uhr, s. auch Tour 10). Das andere Gebäude, das dem Leidseplein ein elegantes Flair verleiht, ist das **American Hotel** 2. Die eigenwillige Fassade ist mit Eichhörnchen, Störchen, Schlangen, Eulen, Fledermäusen, einem Sonnenstrahl sowie einer Venus verziert. Wer hier übernachten möchte, kann beispielsweise die luxuriöse Mata-Hari-Suite buchen, die an die legendäre Tänzerin und Spionin erinnert; sie gab hier einst ihren Hochzeitsempfang. Heute trifft man sich an dieser Adresse auch nachmittags zur stilvollen Kaffeepause (s. Hotels, S. 131).

Ganz in der Nähe, an der Weteringsschans 6–8, liegt eine Institution der 68er-Bewegung, das **Paradiso** 3 , eine ehemalige Kirche, die aber nicht mehr genutzt und von Amsterdams Hippies 1968 zum »Kosmischen Zentrum für Entspannung« erklärt wurde. Das Paradiso war einer der ersten Orte, an dem der Verkauf »weicher« Drogen geduldet wurde. Seither hat es sich als Kult-Location für die jeweils gerade angesagten Musikgenres – Punk, New Wave, Techno etc. – einen Namen gemacht. Bis heute finden fast allabendlich Konzerte statt (s. Nightlife, S. 148).

Biegt man von der Weteringsschans in die Spiegelgracht, tut sich ein Bilderbuchidyll auf. Hier im **Spiegelkwartier** reiht sich ein pittoreskes Grachtenhaus ans nächste. Dieser Teil der Altstadt ist ein Dorado für Kunst- und Antiquitätenliebhaber. Die **Reflex Gallery** 4 gleich an der Ecke steht für zeitgenössische Fotokunst und Malerei (Weteringsschans 79 a). Die kleine **Chagall-Gallery Wuyt** (Spiegelgracht 32) hat sich auf grafische Arbeiten des französischen Künstlers Marc Chagall

spezialisiert. Hoch ist die Kunstdichte auch in der **Nieuwe Spiegelstraat**. Die **Renssen Art Gallery** 5 (Nr. 44) präsentiert Werke des zeitgenössischen Künstlers Erik Renssen, der sich für seine Gemälde und Skulpturen von den Großmeistern Picasso, Modigliani und Morandi inspirieren lässt. Kunstfans sollten auch einen Blick in die **Art Gallery Peter Pappot** 6 werfen (s. Shopping, S. 141). Hier warten Werke holländischer und belgischer Meister aus der Zeit zwischen 1800 und 1950 auf Käufer. Kunstwerke für die Füße findet man auf der anderen Straßenseite, Designer **Jacob Lesman** bietet einer exzentrischen Kundschaft extravagante Herrenschuhe an (s. Shopping, S. 142). Lust auf italienische Küche? Dann könnte das Restaurant **Pasta e Basta** die richtige Adresse sein (s. Restaurants, S. 138). Das

Rembrandtplein

Servicepersonal kümmert sich hier nicht nur um die Gäste, zwischendurch werden auch schon mal Arien oder Popsongs zum Besten gegeben.

Peter der Große wohnte im Haus an der **Herengracht 527 7**, als er 1697 in Amsterdam das Zimmermannshandwerk erlernte. Der russische Zar verweilte vier Monate an der vornehmen Adresse und als er abreiste, soll das Haus in einem so erbärmlichen Zustand gewesen sein, dass es der Besitzer frustriert verkaufte.

Am **Rembrandtplein** ziehen die **plastischen Figuren** aus Rembrandts berühmtem **Nachtwache-Bild 8** die Aufmerksamkeit auf sich. Geschaffen wurden die bronzenen Nachtwächter von Künstlern unserer Tage – anlässlich des 400. Geburtstags von Rembrandt van Rijn im Jahr 2006. Anschließend kann man sich den Lokalen und Cafés am Platz widmen. Eine nette Location für alle Tageszeiten ist das Café Schiller (Nr. 24). An der Reguliersbreestraat 26 lockt das Filmtheater **Pathé Tuschinski** das Publikum seit den 1920er-Jahren vor die Leinwände (s. Nightlife, S. 149).

MAL PAUSE MACHEN

Das **Pathé Tuschinski** mit seinem nostalgischen Ambiente ist ein Kino mit Kuschel-Atmosphäre. Wie wäre es mit einer Auszeit?
• www.pathe.nl

Touren im Anschluss: 8, 10

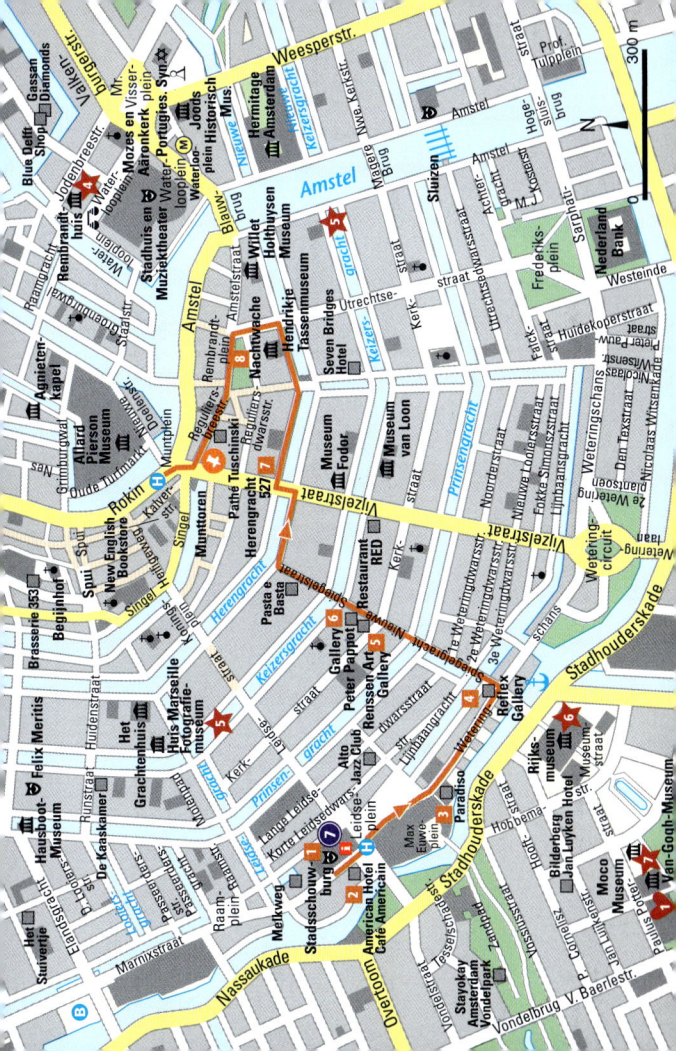

Entlang der schönsten Grachten

Munttoren › **Bloemenmarkt** › **Koningsplein** › **Keizersgracht** › **Huis Marseille** › **FOAM** › **Museum van Loon** › **Leidsegracht** › **Prinsengracht** › **Leidsestraat**

Start:	Ⓗ Muntplein (Straßenbahnen 4, 9, 14, 16, 24)
Ziel:	Ⓛ Leidsestr./-plein (Straßenbahnen 1, 2, 5, 7, 10)
Wann:	tagsüber, der Blumenmarkt ist Mo–Sa 9–17.30, So ab 11 Uhr geöffnet
Distanz:	2,5 km

Amsterdams Bloemenmarkt muss man einfach gesehen haben, und ein Blick hinter die Fassaden prächtiger Grachtenhäuser lohnt sich natürlich auch, besonders, wenn einen dort die Atmosphäre des Goldenen Zeitalters umfängt. Für Fans der Fotografie ist das Huis Marseille an der Keizersgracht eine interessante Adresse.

Munttoren

Startpunkt der Tour ist der **Muntplein,** heute ein zentraler Platz in der Altstadt. Im 15. Jh. aber lag er noch vor der Stadtmauer. Hier wurden Schafe verkauft, weshalb der Platz damals Schafsplatz hieß. 1672 wurde er zum Münzplatz (Muntplein), denn hier stand das Münzgebäude, in dem die Niederländer ihre Gulden prägten, während die Franzosen Utrecht besetzt hielten und Amsterdam für zwei Jahre das Münzrecht bekam. Der **Munttoren** **1** (Münz-turm) mit der vergoldeten Windfahne steht heute noch. Einst war er Teil der mittelalterlichen Stadtmauer, die beim großen

Brand von 1818 fast vollständig zerstört wurde. Nur ein paar Schritte entfernt lässt der **Bloemenmarkt** 2 an der Singel die Herzen aller Hobbygärtner höher schlagen. Einst fuhren die Blu-menhändler mit ihren Booten in die Stadt und verkauften die blühende Ware direkt von Bord. Heute dienen festverankerte Hausboote als Verkaufsfläche für Schnitt-blumen, Topfpflanzen und Zwiebeln, aus denen Tulpen unterschiedlichster Form und Farbe keimen sollen. Das riesige Angebot wird hauptsächlich von Touristen genutzt. Einheimische kaufen ihre »Bollen« (Tulpenzwiebeln) meist auf ganz gewöhnlichen Wochenmärkten, wo sie etwas billiger zu haben sind.

Ein Abstecher zum **Koningsplein** – bei dem es sich, anders als der Name vermuten lässt, eher um eine breite Straße, denn um einen Platz handelt – ist für die Amsterdamer am Konings-dag patriotische Pflicht (Königstag: 27. April). Am Koningsplein beginnt die **Leidsestraat,** eine der bekann-testen Shoppingmeilen der Stadt.

Diese wird von der **Keizersgracht** ⭐ ge-quert, der mittleren von drei Grachten, die Anfang des 17. Jh. im Zuge der Stadterweite-rung angelegt wurden. Ihren Namen erhielt sie zu Ehren Kaiser Maximilians I., des Habsburger Monarchen, der seinerzeit auch über die Niederlande herrschte. Im 19. Jh. machte es sich die feine Amsterdamer Gesellschaft zur Gewohn-heit, sonntags nach dem Kirchgang an der Keizersgracht zu flanieren. »Sehen und gesehen werden« lautete die Devise für alle, die dazugehören wollten. Am inneren Ufer der Gracht kön-nen Besucher Fotokunst im **Huis Marseille** 3 bestaunen. Drin-

Bloemenmarkt

Keizersgracht

nen präsentiert das Fotografiemuseum Werke internationaler Spitzenfotografen. Sehenswert ist aber auch das Gebäude, Huis Marseille wurde im 17. Jh. für einen vermögenden französischen Kaufmann gebaut. Dass dieser der Hafenstadt Marseille sehr verbunden war, verraten die goldenen Lettern an der Fassade (Nr. 401, www.huismarseille.nl, Di–So 11–18 Uhr, 8 €). Weitere Aufnahmen kann man sich im **FOAM** 4 mit wechselnden, hochkarätigen Fotografieausstellungen von Fotokünstlern verschiedener Epochen ansehen (Nr. 609, www.foam.org, Sa–Mi 10–18, Do/Fr bis 21 Uhr).

MAL PAUSE MACHEN

Bei Klassikklängen entspannen: Sonntagnachmittags finden Konzerte im **Geelvink-Haus** statt.
• Keizersgracht 633, Beginn 16.45 Uhr, geelvinck.nl

Auf der gegenüberliegenden Uferseite steht das Haus der Kaufmannsfamilie **van Loon** 5. Erbaut wurde es 1672 nach Plänen von Adriaen Dortsman, einem Stararchitekten seiner Zeit, der auch für die Ronde Lutherse Kerk (Singel 11, s. Tour 13) verantwortlich zeichnet. Weil das van Loon-Haus heute ein Museum ist, können Besucher hinter der Fassade die Pracht des Goldenen Zeitalters – in Form von kostbaren Möbeln, Silber, Porzellan und Dutzenden Gemälden – auf sich wirken lassen (Nr. 672, www.museumvanloon.nl, tgl. 10–17 Uhr).

Sollten Sie nach dem sonntäglichen Museumsbesuch Appetit auf Hummer oder Kaviar haben, bietet sich ein Abstecher in das schicke **Restaurant RED** (Keizersgracht 594, s. Restaurants, S. 139) an.

Über die Leidse- und Prinsengracht geht es auf die Leidsestraat. Hier pendeln die Trams. Den Leidseplein mit seinen vielen Lokalen erreichen Sie in wenigen Minuten zu Fuß.

Touren im Anschluss: 7, 11

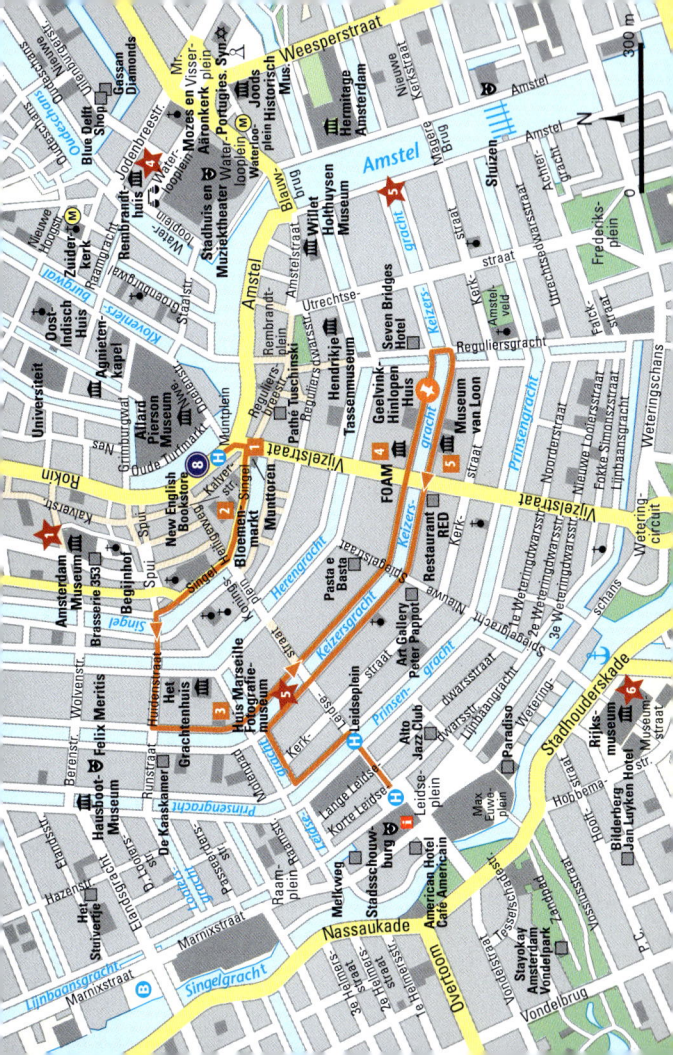

Kleine Museen und typische Grachten

**Westerkerk › Prinsengracht › Hausbootmuseum › Leidse-
gracht › Fotografiemuseum › Herengracht › Het Grachtenhuis › Raadhuisstraat**

Start:	Ⓗ **Westermarkt (Straßenbahnen 13, 14, 17, Busse 170, 172, 174, 272)**
Ziel:	Ⓗ **Dam (Straßenbahnen 1, 2, 4, 5, 9, 13, 16, 17, 24, 26)**
Wann:	**werktags außer montags, da Museen geschlossen**
Distanz:	**2,2 km**

Der Spaziergang führt vom Westermarkt an typischen Grachten
entlang bis zum Rathaus. Unterwegs bieten ungewöhnliche Museen
wie das Hausboot-, das Grachten- oder das Bijbels Museum Inte-
ressantes, außerdem laden die kleinen Geschäfte der 9 Straatjes
zum Shopping ein.

Die **Westerkerk** **1** – die größte Kirche Amsterdams – beherrscht
den Westermarkt. Zwischen 1620 und 1631 nach Plänen von
Hendrick de Keyser im Renaissancestil erbaut, besitzt sie die
Form eines Doppelkreuzes. Drei Dutzend große Fenster und
weiße Wände lassen viel Licht ins Innere. Eine Gedenktafel im
Nordteil des Kirchenschiffs erinnert daran, dass hier im Jahr
1669 der Maler Rembrandt von Rijn begraben wurde. Der 85 m
hohe Westturm, der höchste Kirchturm der Stadt, ist als »Langer
Jan« und »Ouwe Wester« bekannt. Wer möchte, kann ihn bis
zur ersten Plattform erklimmen (halbstündige Turmführungen
April–Okt. Mo–Sa 10–20 Uhr, letzter Einlass 19.30 Uhr). Anne
Frank hat das Glockenspiel der Westerkerk in ihrem Versteck

hören können und dies in ihrem berühmten Tagebuch vermerkt (s. Tour 26).

Nach einigen Schritten entlang der Prinsengracht zweigt bald die Reestraat ab. Sie gehört zu den **9 Straatjes** (neun ruhigen Straßen) zwischen Prinsen-, Keizers-, Herengracht und Singel, in denen eine Vielzahl kleiner Geschäfte, Galerien und Cafés zum Bummeln einladen (de9straatjes.nl).

In der Reestraat 21 bietet **Terra** handgearbeitete Ledertaschen, Schuhe, Stiefel und Keramik aus Spanien (s. Shopping, S. 145). Gleich daneben werden Freunde etwas rustikalerer Schuhe und Stiefel bei **Red Wing Shoes Amsterdam** (Nr. 15) fündig.

360 Volt

Wieder auf der Prinsengracht kommt man zu **360 Volt,** einem kleinen Laden mit einer großen Auswahl ungewöhnlicher Industrielampen für die gute Stube (s. Shopping, S. 145). Am Anfang der Beerenstraat (Nr. 36) bietet sich das Toos & Roos für eine Frühstücks- oder Lunchpause an. Wenn man den kurzen Abstecher in die Runstraat 7 macht, kommt man zu **De Kaaskamer,** dem größten Käseladen der Stadt (s. Shopping, S. 141).

Am Ufer der Prinsengracht vertäut liegt die »Hendrika Maria«. Mit dem rund 100 Jahre alten Schiff wurde bis in die 1960er-Jahre Kies und Sand transportiert, danach diente es 20 Jahre als Hausboot. Seit der Renovierung im Jahr 2008 beherbergt es das weltweit einzige **Hausbootmuseum 2** . Wer mehr erfahren möchte, sollte einen Blick in die Bücher im

MAL PAUSE MACHEN

Wenn man das **Hausboot** betritt, fühlt man sich wie in einem typisch holländischen Wohnzimmer, das im Stil der 1950er-Jahre eingerichtet ist. Lassen Sie das Idyll auf sich wirken.
• Juli/Aug. tgl. 10–17 Uhr; sonst Di–So 10–17 Uhr

kleinen Museumsshop werfen (www.houseboatmuseum.nl). Im **Huis Marseille** 3 zeigt das Fotografiemuseum in sechs Räumen wechselnde Ausstellungen. Neben den ambitionierten Präsentationen von unterschiedlichen Genres verdient auch das Gebäude, in dem früher ein reicher französischer Kaufmann gewohnt hat, Aufmerksamkeit (s. Tour 8, Di–So 11–18 Uhr, 8 €).

Amsterdam ist die Stadt der malerischen Grachten und im **Het Grachtenhuis** 4 (Museum der Grachten) erfährt man alles über die Stadterweiterung von Amsterdam im 17. Jh. (Goldenes Zeitalter) und die Entstehung des Grachtengürtels. Während des rund 45-minütigen multimedial und teils 3D-animierten Rundgangs wird gezeigt, wie Grachtenhäuser gebaut wurden, außerdem kann man in vollständig eingerichtete Modellhäuser verschiedener Epochen hineinschauen (www.hetgrachtenhuis.nl, Di–So 10–17 Uhr, 12 €).

Im **Bijbels Museum** 5 an der Herengracht sind einige Bibeln zu sehen, Artefakte aus dem alten Ägypten und Palästina versuchen, die Entstehungsgeschichte der Bücher zu beleuchten und den zeitlichen Kontext herzustellen (Di–So 11–17 Uhr, 10 €). Kurz darauf kreuzt die Route die Huidenstraat, die ebenfalls zu den 9 Straatjes zählt. In der Huidenstraat locken die Boutiquen Zipper (Nr. 7) und Spiegelbeeld (Nr. 24B) mit Vintage-Mode.

Zum Abschluss der Tour bietet sich ein Abstecher ins japanische Restaurant **Kagetsu** 6 an (Hartenstraat 17, tgl. 12 bis 22.30 Uhr, €–€€).

Touren im Anschluss: 1, 2, 4, 5, 13

Leidseplein am Abend

Buntes Nachtleben, viel Kultur und nette Lokale

Café Americain › Stadsschouwburg › Kulturzentrum Melkweg › Marnixstraat/Theater De La Mar › Korte und Lange Leidsedwarsstraat › Max Euweplein

Start:	Ⓗ Leidseplein (Straßenbahnen 1, 2, 5, 7, 10)
Ziel:	Ⓗ Leidseplein (Straßenbahnen 1, 2, 5, 7, 10)
Wann:	für Kultur, Ausgehen und Restaurantbesuche am besten abends
Distanz:	1,3 km

Am Abend wird es rund um den Leidseplein richtig voll. Einheimische und Touristen flanieren bis spät in die Nacht über den Platz und in den angrenzenden Straßen auf der Suche nach Kultur, Kasino und Kino, oder sie steuern Klubs, Bars und Restaurants an.

Am Leidseplein

Neben dem Rembrandtplein zählt der **Leidseplein** (Leidener Platz) zu den beliebtesten Amüsierzentren Amsterdams. Der Platz bildet die Verlängerung der Leidsestraat, an seiner Südseite liegt der Leidsepoort. Hier befand sich im 17. Jh. eines der acht Stadttore, durch das man zur Stadt Leiden gelangte. Der Leidseplein ist verkehrsreich und Knotenpunkt mehrerer Straßenbahnlinien, die alle paar Minuten bimmelnd über den Platz und durch die Fußgängerzone rattern.

Zwei altehrwürdige Gebäude fallen sofort ins Auge: das American Hotel und die Stadsschouwburg. Eine Institution in Amsterdam ist das American Hotel mit seinem beliebten Treffpunkt **Café Americain** 1 im Erdgeschoss des Hotels. Im bildschönen Art-déco-Ambiente genießt man einen klassischen Afternoon Tea (tgl. 14–17 Uhr) mit einer Auswahl an Sandwiches und süßem Gebäck oder ein stilvolles Theater-Dinner (s. Restaurants, S. 134). Später am Abend ist die neugestaltete Bar Americain mit ihren illustren Gästen ein Hotspot für spritzige Cocktails. Das Amsterdamer Theaterpublikum zieht es in den barocken Prachtbau von 1894, die **Stadsschouwburg** 2. Das traditionsreiche Stadttheater ist für Liebhaber klassischer und moderner Theater- und Ballettaufführungen ein Muss (s. Nightlife, S. 149). Auch das Café und Restaurant **Stanislavski** im Erdgeschoss ist einen Besuch wert (€€).

Stadsschouwburg

Das Kulturzentrum **Melkweg** 3 hat sich vor allem durch die Auftritte von hochkarätigen internationalen Künstlern, Musikern und Bands einen Namen gemacht (s. Nightlife, S. 148). Seinen Namen verdankt der Komplex mit Café, Restaurant und Galerie, der sowohl von der Marnixstraat als auch von der Lijnbaansgracht zugänglich ist, der früheren Nutzung als Milchfabrik. Die **Marnixstraat** war früher bekannt für die Musical- und Revuebühne Nieuwe de la Mar. Die Spielstätte hat sich äußerlich verändert, aber das Programm und der Name sind im Theater **De La Mar** 4 geblieben: Konzerte und populäre Veranstaltungen finden jetzt hinter einer modernen Glasfront statt (Programm: delamar.nl). In den Häusern rund um den Leidseplein sowie in der Korte Leidsedwarsstraat und der Lange Leidsedwarsstraat reiht sich ein Restaurant ans andere. Kulinarisch Herausragendes wird eher selten geboten, dafür hat man die

Gleich an der **Stadhouderskade** beginnt der **Vondelpark.** Am besten passieren Sie noch die Vondelbrug, suchen sich dann ein Plätzchen am Wasser und picknicken.

MAL PAUSE MACHEN

Qual der Wahl zwischen so gut wie allen Küchen der Welt. Am Leidseplein sitzt man bei schönem Wetter unter großen Schirmen draußen und hat Straßenmusikanten und Straßenbahnen im Blick. Von außen völlig unscheinbar präsentiert sich das **Taste of Culture,** doch die Küche überzeugt mit authentischen chinesischen Gerichten. Die vielen chinesischen Gäste sind ein untrügliches Anzeichen für gutes Essen (Korte Leidsedwarsstraat 139, €€). Gemütlicher sitzt man im **Puri Mas,** hier sollte man viel Zeit und Hunger mitbringen und sich eine indonesische Reistafel gönnen (Lange Leidsedwarsstraat 37 bis 41, €–€€€). In der gleichen Straße hat der **Alto Jazz Club** sein Domizil, wo allabendlich Meister und Meisterinnen des Jazz und Blues auftreten (s. Nightlife, S. 146).

Durch eine überdachte Shoppingpassage gelangt man zum **Max Euweplein,** der dem einzigen niederländischen Schachweltmeister und einstigem Präsidenten des Weltschachbundes gewidmet ist. Da verwundert es nicht, dass der gesamte Platz als Schachbrett fungiert. Auch der Max Euweplein, der an eine moderne italienische Piazza erinnert, ist von Cafés und Kneipen eingerahmt. Immer gut besucht ist der **Aran Irish Pub** in dem es

Aran Irish Pub

natürlich Guinness, Fish and Chips und Livemusik gibt. Gegenüber, direkt am Ufer der Singelgracht, befindet sich das **Holland Casino 5,** die größte Filiale der staatlichen Spielbank. Von hier ist es nicht weit zum Leidsepein.

Tour im Anschluss: 7

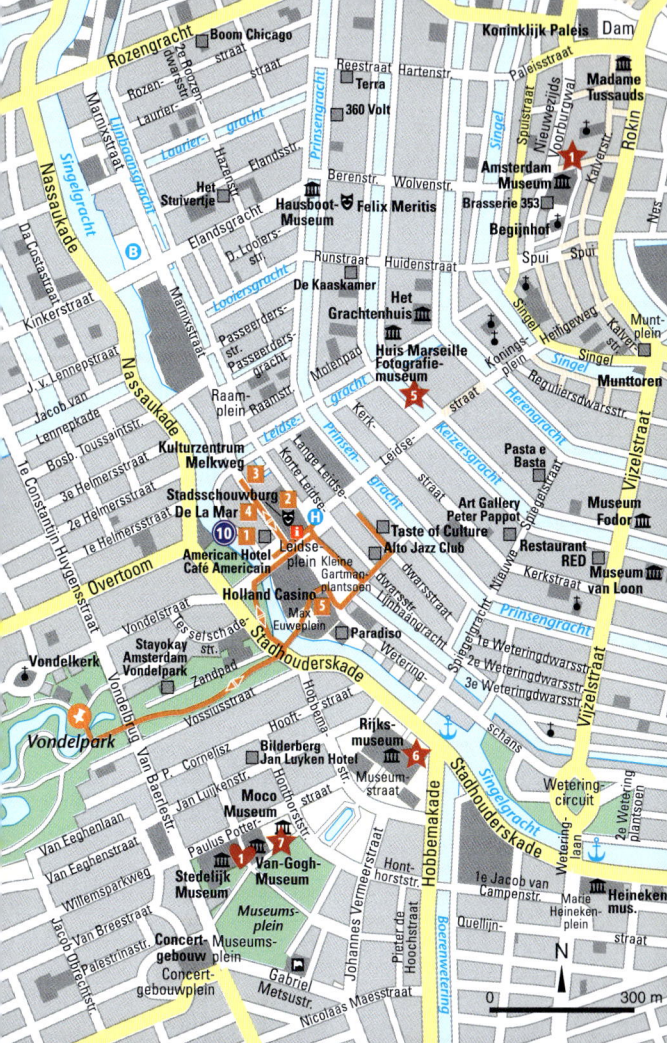

Zu den großen Museen der Stadt

**Museumsstraat › Rijksmuseum › Van Gogh Museum ›
Stedelijk › Diamantenmuseum › Concertgebouw**

Start: Ⓗ **Rijksmuseum (Straßenbahnen 2, 5)**
Ziel: Ⓗ **Museumsplein (Straßenbahnen 3, 5, 12, 16)**
Wann: **am besten frühmorgens oder spätnachmittags,
um Wartezeiten vor den Museen zu vermeiden**
Distanz: **1 km**

Dies ist – von der Länge her gesehen – der kürzeste Spaziergang,
er ist nur knapp einen Kilometer lang. Dennoch kann man auf dieser
Route einen ganzen Tag unterwegs sein, sie führt zu und in die
bedeutendsten Museen Amsterdams, die Weltruf genießen.

MAL PAUSE MACHEN

Mit Kind im **Rijks-
museum?** Na klar.
Besuchen Sie den
Picknickraum im Erd-
geschoss. Hier können
die Kids malen, Mit-
gebrachtes verzehren
und Eltern mal gar
nichts tun.

Das **Rijksmuseum** 1 ⭐ 6 in der Museum-
straat 1 wurde 1876–1885 erbaut und nach
umfangreichen Renovierungsarbeiten 2013
von der damaligen Königin Beatrix wiedereröffnet. Es empfiehlt sich, das Museums-
ticket online zu buchen, dann kann man die
fast lane benutzen und damit die langen
Wartezeiten, insbesondere zwischen 11 und
16 Uhr, verkürzen (tgl. 9–17 Uhr, www.rijksmuseum.nl/de,
17,50 €, bis 18 J. Eintritt frei). Wenn man nur wenig Zeit hat, sollte man vor allem die **Ehrengalerie im zweiten Stock** besuchen.
Dort ist u. a. Rembrandts Monumentalgemälde »Die Nachtwache« ausgestellt. Wesentlich kleiner, aber ebenfalls sehr beein-
druckend ist Jan Vermeers »Dienstmagd mit Milchkrug«. Wer

mehr Zeit mitbringt und die gesamte Ausstellung von Gemälden, Kunsthandwerk, Möbeln und Alltagsgegenständen ansehen möchte, muss sich auf eine längere Wanderung einstellen. Der Weg durch alle 80 Säle misst eineinhalb Kilometer. Das einzige van Gogh-Gemälde – ein Selbstportrait – hängt im Erdgeschoss, in Saal 1.18, und stimmt Fans des Malergenies auf das nebenan liegende **Van Gogh Museum** **2**

⭐ 🖤 ein, die weltweit größte Sammlung von Werken des berühmten niederländischen Malers. Sie umfasst mehr als 200 Gemälde und 500 Zeichnungen und Skizzen. Dazu kommen einige Werke von Künstlern, die Vincent van Gogh in seinem Schaffen beeinflusst haben, so u. a. Paul Gauguin. Das Museum präsentiert aber nicht nur eine umfassende Werkschau van Goghs, sondern lässt die Besucher auch Schritt für Schritt an seiner künstlerischen Entwicklung und seiner Arbeitsweise teilhaben (tgl. 9–18, Fr bis 21 Uhr, Onlinebuchung empfehlenswert: www.vangoghmuseum.nl, 18 €, bis 18 J. Eintritt frei).

Das dritte bedeutende Museum des Museumsquartiers ist das **Stedelijk** **3**, das Städtische Museum für moderne und zeitgenössische Kunst und Design. Es beeindruckt schon durch die kühne Verbindung des Hauptgebäudes im holländischen Renaissancestil mit dem ultramodernen Annex des Amsterdamer Architekturbüros Benthem Crouwel. Die spannende Sammlung zeichnet die Entwicklung visueller Kunst vom 19. bis in die Mitte des 20. Jhs. nach. Neben wechselnden Objekten aus dem eigenen Bestand sind auch Werke von Matisse, Mondrian, Miró, Picasso, von Malern des Blauen Reiters und der Brücke – u. a. Kandinsky und Marc, Schmidt-Rottluff, Pechstein, Kirchner,

Van Gogh Museum

Heckel und Nolde – ausgestellt. Außerdem trifft man auf Künstler der Moderne, u. a. auf Yves Klein, Jean Tinguely, Andy Warhol, Jeff Koons, Willem de Kooning und Roy Lichtenstein (Online-tickets: www.stedelijk.nl, tgl. 10–18, Fr bis 22 Uhr). In allen drei Museen laden gemütliche Museumscafés zu einer verdienten Pause und gut ausgestattete Museumshops zum Stöbern ein.

Stedelijk

Wer danach immer noch nicht genug von Museen hat, überquert die Paulus Potter-straat und geht dort ein paar Schritte zurück bis zur Nr. 8: Das **Diamantenmuseum** **4** nimmt sich im Vergleich zu den vorhergehenden Museen aber eher bescheiden aus. Es gibt einen Überblick über die Gewinnung und Verarbeitung von Edelsteinen, interessant sind die Nachbildungen von Königskronen aus aller Welt (diamonds-amsterdam.com, tgl. 9–17 Uhr).

Das **House of Bols** **5** in Nr. 14 ist eine bunte Erfahrungswelt für Freunde süffiger Cocktails. Im Haus der von Lucas Bols 1575 kreierten Likörmarke kann man seine Sinne testen und 38 Likör-geschmacksrichtungen kennenlernen sowie Cocktails in der Spiegelbar ausprobieren oder sich für Likörtastings anmelden (bols.com, tgl. 13–18.30, Fr bis 21 Uhr).

Von hier sind es nur wenige Gehminuten zum **Concertge-bouw** **6**, dem Konzerthaus. Die neoklassizistische Konzerthalle von 1888, bei deren Bau sich der Architekt vom Gewandhaus in Leipzig inspirieren ließ, rühmt sich der besten Akustik der Welt. Entsprechend haben hier schon fast alle großen Dirigenten den Taktstock geschwungen. Auch Rockbands treten hie und da auf.

Touren im Anschluss: 12, 17, 25

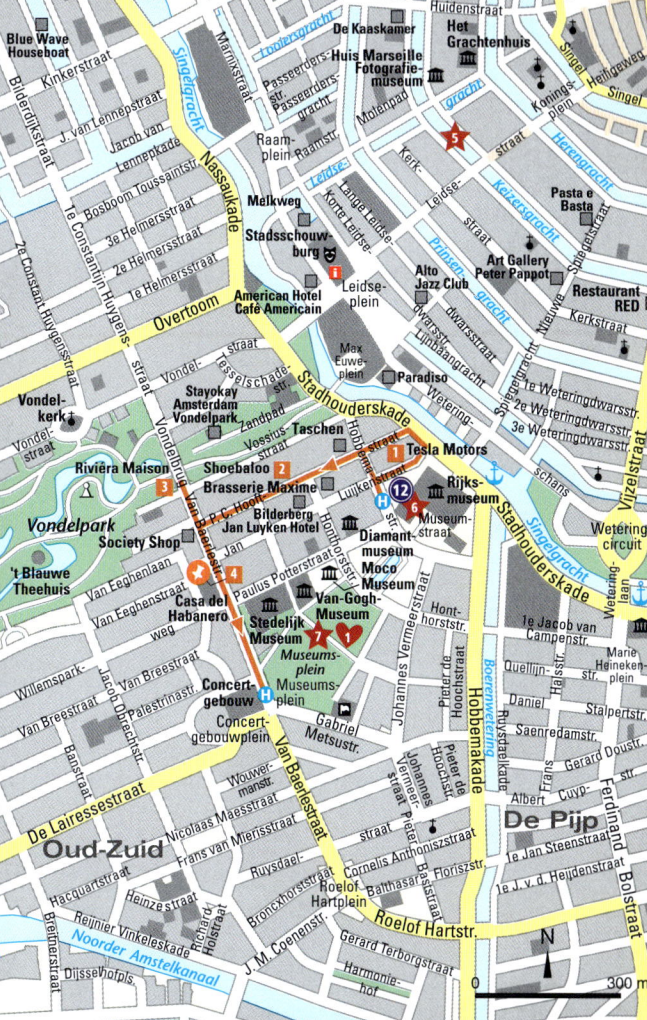

P. C. Hooftstraat

Designershopping satt

Stadhouderskade › P. C. Hooftstraat › Van Baerlestraat › Museumsplein

Start:	Ⓗ **Rijksmuseum (Straßenbahnen 2, 5, 7, 10)**
Ziel:	Ⓗ **Museumplein (Straßenbahnen 3, 5, 12, 24)**
Wann:	**tagsüber, die Geschäfte sind meistens Di–Sa von 10–18 Uhr geöffnet, So und Mo ab 13 Uhr, Do teilweise bis 21 Uhr**
Distanz:	**1,1 km**

Nur wenige Schritte von den weltberühmten Kunstsammlungen im Museumsquartier sind es zur P. C. Hooftstraat. Hier ist so ziemlich alles vertreten, was in der internationalen Designerszene Rang und Namen hat.

Tesla

Die nach dem niederländischen Dichter Pieter Corneliszoon Hooft benannte **P. C. Hooftstraat** hat sich in den vergangenen Jahren zur Topadresse für Designershopping gemausert. Inzwischen ist sie die teuerste Geschäftsstraße der Niederlande und wird gern schon mal mit New Yorks Fifth Avenue oder den Champs-Élysées verglichen. Hier wie dort reihen sich die Boutiquen sündhaft teurer Designermarken und die Läden weltbekannter Juweliere wie Perlen an einer Schnur.

Beginnt man den Bummel an der **Stadhouderskade,** zieht zunächst einmal das Schaufenster mit den Sportwagen aus der kalifornischen Autoschmiede **Tesla** 1 die Blicke auf sich. Im

Showroom des Elektroautoherstellers an der Amsterdamer Top-Adresse sind (zahlungskräftige) Kunden eingeladen, die drehmomentstarken Wagen aus nächster Nähe zu begutachten. Dennoch: Reingehen, staunen und mal auf den Sitzen so eines schmucken Roadsters Platz nehmen, das darf natürlich jeder (Nr. 29). Automobiler Luxus lässt sich allerdings auch draußen auf der Straße bewundern: Die Dichte teurer Autos ist in der P. C. Hooftstraat naturgemäß überdurchschnittlich hoch.

Alles, was es an textilen Statussymbolen für Sie und Ihn gibt, kann man in Augenschein nehmen, wenn man die rund 700 m lange Designermeile entlangschlendert. Die ungeraden Hausnummern finden sich auf der – von der Stadhouderskade kommend – linken Straßenseite, die geraden auf der rechten. Geht man einmal auf und ab, kann man die Auslagen von rund 130 Nobel-boutiquen in Augenschein nehmen: **Escada** (Nr. 43), **Hugo Boss** (Nr. 118), **Salvatore Ferragamo** (Nr. 59), **Burberry** für Herren (Nr. 50), **Michael Kors** (Nr. 111) und **Dolce & Gabbana** (Nr. 124) – und auf der rechten Seite (von oben nach unten) **Dior** (Nr. 100), **Marc Cain** (Nr. 126), **Chanel** (Nr. 94), **Gucci** (Nr. 56), **IKKS**, ein Label für ganz junge Frauen (Nr. 54) – um nur einige der berühmtesten Modemarken zu nennen. Exklusives und Extravagantes für die Dame bei **Oger Donna** (Nr. 93), besonders edle Herrenoutfits gibt es bei **Oger** (Nr. 75).

Bücherfans müssen bei **Taschen** (Nr. 44) schwelgen – in dem Buchladen der Extraklasse gibt es Feinstes zwischen Buch-deckeln – limitierte Fotobände, Kunst-, Koch- und Lifestylebücher mit diversen Themenschwerpunkten, Comics u. v. m. (s. Shopping, S. 144). Schuhe sind an der Hoofstraat selbstverständlich auch ein großes Thema. Äußerst attraktiv wird die Ware in der Nr. 80 bei **Shoebaloo** **2** in Szene gesetzt. Den Laden mit dem spacigen Röhren-Interieur sollte man sich unbedingt von innen anschauen. Die Hoofstraat ist – wen kann das wundern – der Laufsteg der langmähnigen Fußballerfrauen der Stars von Ajax Amsterdam, die ihre Haare gern den Figaros anvertrauen, die ihre Geschäftsräume über den Edelboutiquen haben.

Am Ende der Hofstraat trifft man auf die **Van Baerlestraat.** Hier ist die Designerdichte zwar nicht ganz so hoch, doch haben sich auch hier in letzter Zeit etliche attraktive Geschäfte angesiedelt. Den Auftakt macht das **Rivièra Maison** **3** (Nr. 2), das Schönes fürs Wohnen im maritimen Stil präsentiert – nicht nur Tische, Stühle und Sessel – auch Kleinmöbel für jedes Zimmer sowie jede Menge neckischer Accessoires. Wie wäre es z. B. mit den tassenähnlichen »Pommes-Frites-Haltern« oder einem Frühstücksgedeck, das speziell für die Kombination »Kaffee und Croissant« kreiert wurde. Klassisches und Extravagantes für den Herrn bekommt Mann im **Society Shop** (Nr. 20), wer nichts Passendes von der Stange findet, kann sich vom hauseigenen Schneider den perfekten Dreiteiler auf den Leib schneidern lassen.

Nur ein paar Häuser weiter, im Hotel Conservatorium (Nr. 27), hält **La Casa del Habano** **4** ein feines Sortiment für die Liebhaber feiner Zigarren und exquisiter Champagnern vorrätig.

MAL PAUSE MACHEN

In der **Conservatorium Brasserie & Lounge** lässt es sich stilvoll auf bequemen Sofas Open Air und unterm Glasdach sitzen, z. B. zur Teatime.
• Van Baerlestraat 27, tgl. 6.30–23 Uhr, Teatime 15–17.30 Uhr

Touren im Anschluss: 11, 17

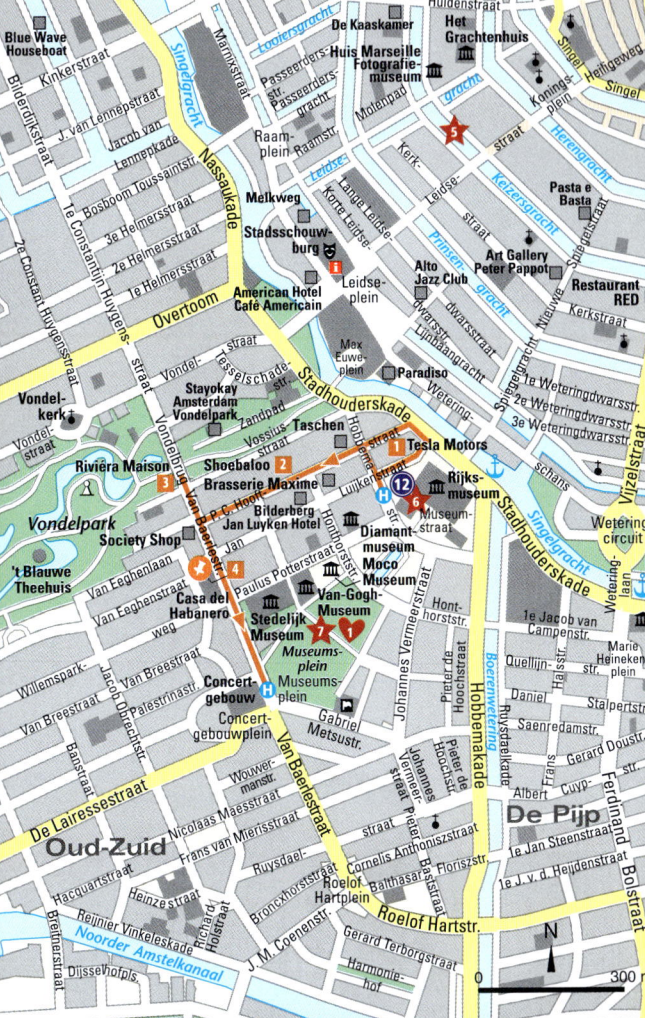

Auf Entdeckungstour im Herzen der Stadt

Westerkerk › Anne Frank Huis › Torensluis › Singel › Ronde Lutherse Kerk › Nieuwe Kerk › Dam › Koninklijk Paleis

Start:	Ⓗ **Westermarkt (Straßenbahnen 13, 14, 17, Busse 170, 172, 174, 272)**
Ziel:	Ⓗ **Dam (Straßenbahnen 1, 2, 4, 5, 9, 13, 16, 17, 24, 26)**
Wann:	tagsüber
Distanz:	2,4 km

Wo haben Kronprinzessin Beatrix und Prinz Claus geheiratet? Wo legte Willem-Alexander seinen Amtseid als König ab? Und wo finden herrenlose Katzen ein Zuhause? Antworten auf diese Fragen gibt die Entdeckungstour mitten im Herzen der Stadt.

Multatuli auf der Torensluis-Brücke

Die **Westerkerk** ❶ ist nicht nur die größte protestantische Kirche der Niederlande, sie ist auch die Lieblingskirche der Amsterdamer. 1966 hat sich hier ein prominentes Paar, die spätere Königin Beatrix und der deutsche Diplomat Claus von Amsberg, das Jawort gegeben. Der Turm der Westerkerk wird liebevoll der »Lange Jan« genannt, mit 85 m ist er der höchste Kirchturm und ein Wahrzeichen der Stadt. Wer die vielen Treppenstufen nicht scheut, sollte zu seiner einer Kaiserkrone nachempfundenen Spitze steigen und den Weitblick genießen (halbstündige Turmführungen April–Okt. Mo–Sa 10–20 Uhr, letzter Einlass 19.30 Uhr).

Auch das jüdische Mädchen Anne Frank konnte von ihrem Versteck im Hinterhaus eines Geschäftsgebäudes an der Prinsengracht den Himmel und den Turm der Westerkerk sehen. Das **Anne Frank Huis** , heute ein vielbesuchtes Museum, erinnert an das Schicksal der jungen Jüdin und ihrer Leidensgefährten (Mo–Fr 9–20, Sa bis 22, So bis 19 Uhr, 9 €).

Über die Keizers- und Leliegracht erreicht man den Singel, die Gracht, die früher Festungsgraben war. An der inneren Seite des Singel-Kanals verlief die mittelalterliche Stadtmauer. Außerhalb lagen Amsterdams Gemüsegärten sowie Weideflächen für Schafe und Kühe. Als die Stadt über ihr mittelalterliches Korsett hinauswuchs, verlor die Mauer ihre Funktion. Um 1600 wurde sie abgerissen, und man baute schöne Grachtenhäuser auf beiden Seiten des Kanals.

Die **Torensluis** ist die breiteste Brücke, die über den Singel führt und war einst einer der Durchgänge, durch die die Städter zu ihren Gärten gelangten. An der Torensluis gab es aber auch einen äußerst ungemütlichen Ort, ein Verlies, das in früheren Jahrhunderten als Ausnüchterungszelle diente. Heute steht ein Denkmal für den niederländischen Dichter **Multatuli** auf der Torensluis-Brücke. Gleich an der Torensluis (Singel 184) gibt es bei **Puccini Bomboni** (s. Shopping, S. 144) hausgemachte Qualitätsschokolade.

Singel 140–142 ist eine besondere Adresse, zumindest für Kunstkenner. Hier wohnte nämlich eine Zeit lang Frans Banning Cocq, der Kapitän, den **Rembrandt** in seiner Nachtwache malte. Vor dem Haus mit der Nummer 44 liegt das **Katzenboot** , wo unzählige streunende Katzen aufgepäppelt werden. Besucher

MAL PAUSE MACHEN

Lassen Sie sich in der Imbissbude **Stubbe's Haring** einen »Hollands Nieuwe« ins Brötchen packen, lehnen Sie sich ans Brückengeländer und genießen Sie den typisch holländischen Snack.
• Singel, Ecke Haarlemmerstraat

können sich an Bord umsehen – gegen eine kleine Spende für den Unterhalt der Tiere (www.poezenboot.nl, tgl. außer Mi und Sa 13–15 Uhr).

Der Singel trifft auf die Haarlemmerstraat, gleich an der Ecke bietet das Käsegeschäft **Kaasland Singel** Gelegenheit, sich mit frisch belegten Brötchen und handgeschnittenem Käse nach Wahl zu stärken, bevor die Tour auf der anderen Seite des Singel-Kanals weitergeht. Das Haus mit der Adresse **Singel 7** 6 ist nicht breiter als seine Eingangstür – früher ein Zeichen dafür, dass der Eigentümer zu den weniger begüterten Bürgern gehörte. Als schmalstes Haus in ganz Amsterdam hat es Singel 7 aber zu mehr Berühmtheit gebracht als die meisten Häuser in der Nachbarschaft. Singel 11 ist die Adresse der **Ronde Lutherse Kerk** 7. Das im 17. Jh. errichtete Original brannte 1822 ab. Nach dem Brand hat man die Kirche nach den alten Plänen wiederaufgebaut. Heute finden hier keine Gottesdienste mehr, sondern Konzerte und Kongresse statt.

Durch die quirlige Spuistraat geht es zur **Nieuwe Kerk** 8. 2002 wurden hier der damalige Kronprinz Willem-Alexander und die Argentinierin Máxima Zorreguieta getraut. 2013 hat **Willem-Alexander** in der Nieuwe Kerk seinen Amtseid als neuer **König der Niederlande** abgelegt. Ganz in der Nähe liegt das **Koninklijk Paleis** 9, das frühere Rathaus, das sich 1808 der damalige König aneignete und einen Besuch lohnt (Onlinetickets: www.paleisamsterdam.nl, tgl. 10–17 Uhr).

Touren im Anschluss: 1, 2, 4, 5

Jordaan

Durchs Szeneviertel Jordaan

Haarlemmerstraat › West-Indisch Huis › Noorderkerk › Prinsengracht › Homomonument › Anne Frank Huis

Start:	Ⓗ **Centraal Station (Metro, Busse, Straßenbahnen 1, 2, 4, 5, 9, 13, 16, 17, 24, 26)**
Ziel:	Ⓗ **Westermarkt (Straßenbahnen 13, 14, 17, Busse 170, 172, 174, 272)**
Wann:	**tagsüber, viele Geschäfte haben auch So geöffnet**
Distanz:	**3 km**

Nicht weit vom Hauptbahnhof beginnt der Jordaan, eine Gegend, die früher ein Quartier der armen Leute war. Längst aber zieht es auch Besserverdienende in das malerische Viertel mit den bunten Märkten, den kleinen Läden, den Cafés und Kneipen. Kurzum: Der Jordaan ist absolut »in«.

Nur ein paar Gehminuten sind es vom Hauptbahnhof bis zur **Haarlemmerstraat,** einer der vitalsten, buntesten und spannendsten Straßen Amsterdams. Hier zeigt sich die Metropole im besten Sinne multikulturell, und hier finden Shoppingfans, was man vielerorts vermisst: Boutiquen, die keiner Kette angehören, und die mit ihrem Angebot mutig gegen den Mainstream schwimmen – wie das **Nukuhiva** 🔲 (s. Shopping, S. 144). Importe von der gleichnamigen Südseeinsel sucht man hier vergebens, dafür gibt es hier Fair-Trade-Mode, die – im Gegensatz zu den Wolle-Filz-Kollektionen anderswo – hip und trendig ist. Je weiter man die Straße entlangschlendert, desto deutlicher zeigt sich, dass junge Südeuropäer Amsterdam für sich und ihre

Geschäftsideen entdeckt haben. Bei **Hollandaluz** 2 (Nr. 71) gibt's spanischen Schinken, Tapas und handbemalte Keramik aus dem Land des Lichts. Ecke Herenmarkt sticht ein elegantes weißes Haus mit klassizistischem Giebel aus der Reihe der roten Backsteinfassaden hervor. Es ist das **West-Indisch Huis** 3, das einstige Headquarter der Dutch West India Company, einer Kaufmannsvereinigung, die kräftig mitgemischt hat, als man in vergangenen Jahrhunderten mit Zuckerrohr, Kaffee, Kakao und Sklavenhandel das große Geld machen konnte. Sehenswert ist der Innenhof mit der Statue von Peter Stuyvesant, dem ersten Gouverneur von New York.

Die Haarlemmerstraat liegt am Rande des Jordaan, wenn man die Brücke über die Bouwersgracht überquert, taucht man ein in das Herz des inzwischen überaus beliebten Szenequartiers. Seinen Namen verdankt das Viertel mit den schmalen Gassen und Grachten vermutlich den Hugenotten, die im 17. Jh. als Glaubensflüchtlinge aus Frankreich kamen. Sie sollen diesen Teil Amsterdams »jardin« – Garten – genannt haben, woraus dann im Niederländischen Jordaan wurde. Die **Lindengracht** war einmal die wichtigste Gracht im Viertel. Längst aber ist der einstige Kanal zugeschüttet und an seiner Stelle eine gemütliche Straße entstanden. Vorn, Ecke Brouwersgracht, steht der Schuljunge **Kees de Jongen** 4, oder besser – sein Konterfei aus Bronze. Der kleine Kees ist eine literarische Figur, die sich der Dichter Theo Thijssen ausgedacht hat. Hervorragend essen kann man im Restaurant **Daalder** (s. Restaurants, S. 136).

Hollandaluz

Kees de Jongen

Interessant ist die Zeile kleiner Häuser, die bei der Hausnummer 149 beginnt. Sie wurden im 17. Jh. als Zufluchtsort für Witwen und von ihren Ehemännern verlassene Frauen mit gutem Leumund errichtet. Tagsüber meist offen ist eine schmale Tür, die von der Straße in das **Suykerhofje** 5 führt. Wer eintritt, kann im Sommer eine dieser liebevoll begrünten Hinterhofoasen (»Hofjes«) bestaunen, die so typisch für den Jordaan sind.

Am Noordermarkt bestimmt die streng anmutende **Noorderkerk** 6 das Bild. Die Kirche wurde im frühen 17. Jh. für die reformierte Gemeinde Amsterdams gebaut. Samstags findet auf dem Noordermarkt ein sehenswerter Wochenmarkt statt. Und an der Ecke bietet das **Café Winkel 43** 7 ❤️ – zum Glück täglich – die beste Appeltaart der Stadt (Noordermarkt 43).

MAL PAUSE MACHEN

Wenn die **Noorderkerk** ihre Türe öffnet, kann man in dem stillen, lichtdurchfluteten Raum eine kleine Auszeit nehmen und müde Beine ausruhen.
• Mo–Fr 10.30–12.30, Sa 11–13 Uhr, Mitte Sept.–Mitte Juni finden Sa um 14 Uhr Konzerte statt

Der Prinsengracht folgend erreicht man das in den 1980er-Jahren errichtete **Homomonument** 8, das allen verfolgten und diskriminierten Homosexuellen gewidmet ist. Es wurde in Form eines Dreiecks ins Straßenpflaster integriert und zeigt mit einer Spitze ans andere Ufer der Gracht – auf das **Anne Frank Huis** 9. Hier hielt sich der jüdische Geschäftsmann Otto Frank mit seiner Familie zwei Jahre lang vor den Nazis versteckt. Die Tagebuchaufzeichnungen seiner Tochter Anne, die 1945 im KZ Bergen-Belsen starb, wurden weltberühmt. Das Haus, seit 1960 Museum, zeigt persönliche Gegenstände der Untergetauchten und dokumentiert ihren Leidensweg.

Touren im Anschluss: 13; Grachten-Hop-on/Hop-off-Tour ab dem Anleger vor dem Anne Frank Huis

Abwechslungsreiche Kunst und viele Galerien

Westerstraat › Eerste Anjeliersdwarsstraat › Egelantiers-gracht › Bloemgracht › Bloemstraat › Laurier-, Elands- und Hazenstraat › Roozengracht

Start:	Ⓗ **Marnixplein (Straßenbahn 10, Bus 353)**
Ziel:	Ⓗ **Rozengracht/Marnixstraat (Straßenbahnen 13, 14, 17)**
Wann:	**nachmittags, Galerien in der Regel Di–Sa geöffnet**
Distanz:	**2,3 km**

Nicht nur Yuppies haben das Viertel mit den schmalen Gassen und Grachten, den pulsierenden Geschäftsstraßen und stillen Hinter-höfen für sich entdeckt. Auch viele Künstler und Galeristen haben ihre Wirkungsstätten im Jordaan. Die Tour macht mit einem schönen Stück Amsterdam und seiner vitalen Kunstszene bekannt.

Moooi

In der **Westerstraat** 187 residiert seit einiger Zeit **Moooi** 🟥1 (s. Shopping, S. 143), eine Kultinstitution für Wohndesign. Man kann durch den riesigen Showroom wandeln und Möbelstücke und Deko-Objekte in Augen-schein nehmen, die den eigenen vier Wän-den eine besondere Note geben könnten. Mitbegründer des Labels ist **Marcel Wan-ders,** niederländischer Innen- und Produktdesigner, dessen Kre-ationen es schon ins New Yorker Museum of Modern Art und ins Amsterdamer Stedelijk Museum geschafft haben. Gleich um die Ecke, in der **Eerste Anjeliersdwarsstraat** 36, liegt die **KochxBos**

Gallery **2** (www.kochxbos.nl), Di–Sa 13–18 Uhr). Esther Koch und Hans Bos präsentieren hier zeitgenössische Underground Art in gut arrangierten Ausstellungen. Die beiden Galeristen freut es besonders, wenn Besucher in ihren schönen Showroom kommen, die noch nie zuvor eine Galerie betreten haben. »Zum Beispiel diese Teenagerinnen, die mit dem Rucksack quer durch die Niederlande gereist sind. Die kamen, um unsere Sarah-Mapple-Ausstellung zu sehen, weil sie zuvor im Fernsehen etwas über die Künstlerin und über deren zeitgemäße Herangehensweise an feministische Themen gehört hatten«, sagte Esther Koch. Solche Erlebnisse sind Sternstunden für die Galeristen.

MAL PAUSE MACHEN

An den Hauswänden in der **Bloemgracht** laden Bänke zur Pause ein. »Feel free to sit here« haben Anwohner auf ein Schild geschrieben. Nehmen Sie das nette Angebot ruhig an.

Gelegentlich kann man beim Bummel durch das frühere Arme-Leute-Viertel einem malenden Menschen über die Schulter schauen. Der Blick auf Grachten, Brücken, Bilderbuchfassaden und auf den Turm der **Westerkerk** lockt vor allem Hobbykünstler mit Staffelei und Farbkasten in die schmalen Gassen des Viertels. Besonders pittoresk sind die **Bloemgracht** und die **Egelantiersgracht** **8**.

In der Eerste Bloemdwarsstraat 2 präsentiert die **Galerie Eduard Planting** **3** Fotokunst von Fotografen wie Terry O'Neil, der Schönheiten wie Brigitte Bardot und Audrey Hepburn vor seine Linse holte (eduardplanting.com, Mi bis Sa 13–18 Uhr). Insgesamt stehen rund 50 Fotografen, darunter die Deutschen Candida Höfer und Vincent Zedelius, auf der Künstlerliste der Galerie.

Skulpturen und Installationen zeitgenössischer Machart zeigt **Fons Welters** **4** in der

Eduard Planting

Bloemstraat 140 (www.fonswelters.nl, Di–Sa 13–18 Uhr). Fons Welters hat sich schon in den 1980er-Jahren in dem Quartier, das heute auch gern »Gallery District« genannt wird, niedergelassen und verfolgt seither das Konzept, junge Künstler in ihren Anfangs- oder Selbstfindungsjahren zu begleiten. Kunstschaffenden, die noch ganz am Anfang ihres Künstlerlebens stehen, gibt man Gelegenheit, Werke in einem Playstation genannten Teil der Galerie zu präsentieren.

Man muss die ruhigen Fußgängerstraßen des Jordaan verlassen und die vielbefahrene **Rozengracht** – einen zugeschütteten Kanal, der in eine Straße umfunktioniert wurde – überqueren, wenn man die Galerie von **Annet Gelink** 5 in der Laurierstraat 187 besuchen will (www.annetgelink.com, Di–Fr 10–18, Sa 13 bis 18 Uhr). Sie gilt als Hotspot für zeitgenössische Kunst. Annet Gelink arbeitet mit zeitgenössischen Künstlern zusammen, deren Schaffensspektrum vom Gemälde bis zur Videoinstallation reicht.

Ornis A. Gallery

In der Nachbarschaft tun sich noch weitere Gelegenheiten zum Kunstgucken auf. In der Galerie **Diana Stighter** 6 (Elandsstraat 90, Mi–Fr 11–18, Sa 13–18 Uhr), in der **Ornis A. Gallery** 7, (Hazenstraat 11, Mi–Sa 12 bis 18 Uhr) und bei **Joep Buijs** 8, gleich gegenüber in der Hazenstraat 10 (tgl. 9–18 Uhr). Buijs stellt ausschließlich seine eigenen Bilder aus, vor allem mit Acrylfarben gemalte Porträts.

Wenn die Kunst hungrig gemacht hat, ist das **'t Stuivertje** gut für eine Pause (s. Restaurants, S. 139).

Tour im Anschluss: 13

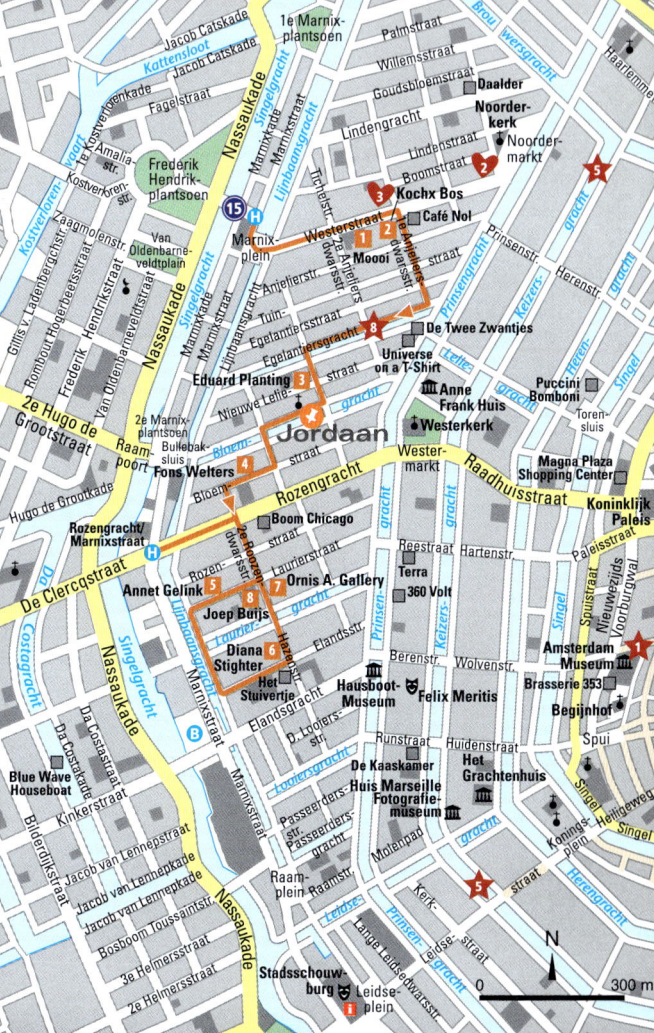

Jordaan am Abend

Kneipenbummel im beliebtesten Ausgehbezirk

**Binnen Oranjestraat › Brouwersgracht › Westerstraat ›
Egelantiersgracht › Prinsengracht**

Start:	Ⓗ **Buiten Oranjestraat (Busse 18, 21, 22)**
Ziel:	Ⓗ **Westermarkt (Straßenbahnen 13, 14, 17, Busse 170, 172, 174, 272)**
Wann:	**abends/nachts**
Distanz:	**1,8 km**

Der malerische Jordaan gehört zu den beliebtesten Ausgehbezirken der Stadt. Altgediente und neu eröffnete Lokale ziehen ein bunt gemischtes Publikum an. Manche Adressen sind perfekt, um entspannt ein Bier zu trinken. Andernorts könnte ein gewisses Faible fürs Mitschmettern holländischer Hits nicht schaden.

Oranjerie

Die **Oranjerie** **1** in der Binnen Oranjestraat 15 ist ein »Eetcafé«, und das trifft sich gut, wenn man in dieser Ecke Amsterdams einen abendlichen Kneipenbummel beginnt (€). Denn Eetcafés empfehlen sich mit bodenständiger Küche – und das macht es leicht, die richtige Grundlage für einen nächtlichen Streifzug durch den Jordaan und für das ein oder andere Bier zu schaffen. Oft ist es in der gemütlichen Oranjerie allerdings auch am frühen Abend schon so voll, dass man mit einem Getränk in der Hand und einem Stehplatz vorlieb nehmen oder weiterziehen muss, Reservierungen jedenfalls nimmt man in diesem Wirtshaus nicht an. Nur ein paar Schritte weiter und man ist an der **Brouwersgracht** – an der Gracht der Brauer. Viele der Häuser an der malerischen Gracht sind ehemalige Brauereigebäude. Gebraut wird in dieser Gegend zwar nicht mehr, aber reichlich Bier getrunken durchaus.

An der Ecke Brouwersgracht/Prinsengracht lädt schon seit 1642 das **Café 't Papeneiland** **2** zahlende Gäste in seine urgemütliche, mit Delfter Kacheln und allerhand altem Mobiliar ausgestatte Stube. Egal, ob auf ein Amstel, einen Tee oder Kaffee – die Traditionsadresse sollte man mitnehmen, wenn man Jordaans Lokale erkundet. Die nennen sich übrigens fast alle »Café«, auch wenn Kneipe oder Bar zuweilen die treffendere Bezeichnung wäre.

MAL PAUSE MACHEN

Bäume und Bänke säumen die **Prinsengracht,** ideal fürs Frischlufttanken vor dem nächsten Kneipenbesuch. Ein wenig Kraft aus der Ruhe schöpfen und weiter geht's.

Ein Muss ist der Abstecher in die **Westerstraat.** Eine Institution, die ein auch altersmäßig breitgefächertes Publikum anzieht, ist das **Café 't Monumentje** **3** 💙 (Nr. 120). Hier treffen sich seit Jahrzehnten die Leute aus dem Kiez, Alt-68er, Künstler und Lebenskünstler zum Diskutieren und Kartenspielen oder um einen Joint zu rauchen. Schneit man als Tourist herein, kommt man – dicht gedrängt an der Bar oder an einem der wenigen Tische – meist leicht mit anderen Gästen ins Gespräch. Wer's lieber rauchfrei mag, wird sich möglicherweise nebenan in der Bar **De Blaffende Vis** wohler fühlen. Diese allerdings zieht vor allem jüngeres Publikum vom Schlage Jurastudent an. Das **Café Nol** **4** ist etwas für die späteren Stunden (s. Nightlife, S. 147). In der plüschigen Eckkneipe mit Blümchentapete und Kristall-

Café 't Monumentje

Café Tuin

leuchter treffen sich schrille Partyvögel und Dragqueens nicht nur zum Biertrinken. Hier wird geflirtet und geschwoft, und es vergeht kaum ein Abend, an dem die Stammgäste nicht begeistert mitgrölen, wenn Holland-Schlager vom Band gespielt werden. Zu den derzeit angesagten Ausgeh-Adressen im Jordaan gehört auch das **Café Tuin** in der Tweede Tuindwarsstraat 13: Das Publikum ist eher jung, die Bierauswahl gut, es gibt kleine mediterrane Speisen, und vor allem freitagabends ist es meist rappelvoll.

Auch die **Tweede Egelantiersdwarsstraat** wartet mit netten Einkehrmöglichkeiten auf. Die **Egelantiersgracht** ist schon tagsüber ein attraktives Pflaster, doch für einen romantischen Bummel bei Nacht eignet sie sich umso mehr. An der Ecke (Nr. 12), kurz bevor man wieder in die Prinsengracht biegt, leuchtet einem das **Café 't Smalle** **5** entgegen. Im Sommer kann man – mit herrlichem Grachtenblick – draußen sitzen, wenn's kühler ist, entschädigt einen die stilvolle Einrichtung aus dem 18. Jh.; das Bier vom Fass oder ein Glas Wein schmecken drinnen natürlich auch gut.

Als letzte Station nach einem ausgedehnten Kneipenbummel bietet sich in der Prinsengracht 114 das **De Twee Zwantjes** an (s. Nightlife, S. 147). Kein Ort für intellektuelle Gespräche: Hier trinkt man Bier und amüsiert sich bei lauter Musik und gemeinschaftlichem Gesang. Am Dienstag legt Inhaber Joe seine Motown-Platten auf, am Mittwoch dreht sich alles um Schlager und die Donnerstagabende stehen ganz im Zeichen von Karaoke, dann sind die Gäste die umjubelten Stars.

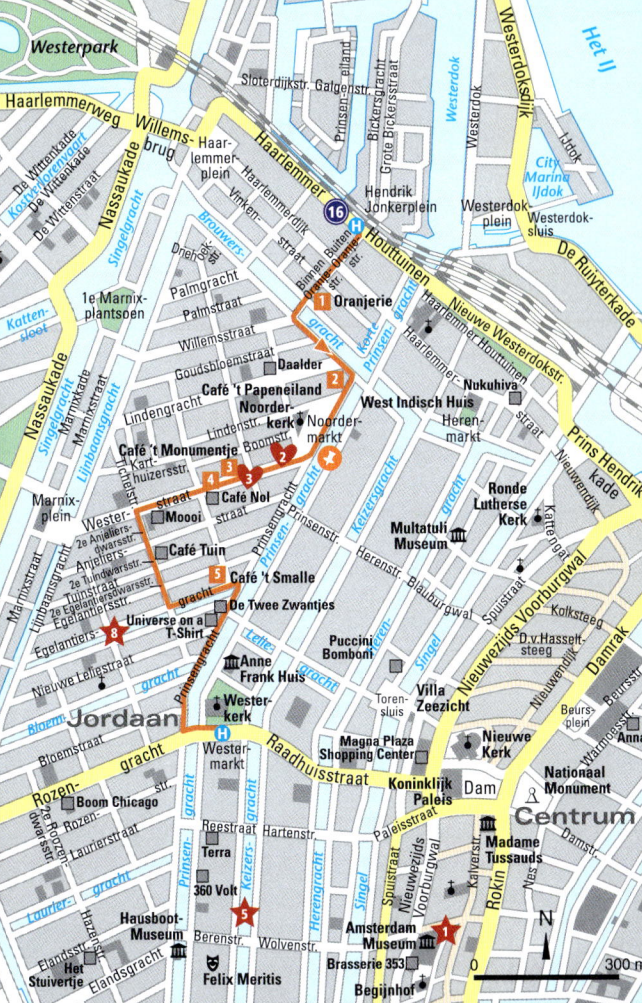

Tour 17 Vondelpark

Spaziergang durch Amsterdams grüne Oase

**Vondelparkpaviljoen › Groot Melkhuis › Rosarium ›
Freilichttheater › 't Blauwe Theehuis › Van Baerlestraat**

Start:	Ⓗ Van Baerlestraat (Straßenbahnen 3, 12)
Ziel:	Ⓗ Van Baerlestraat (Straßenbahnen 3, 12)
Wann:	am besten an einem sonnigen Tag
Distanz:	4,3 km

Der Vondelpark ist zwar nur der zweitgrößte, aber der beliebteste
Park von Amsterdam. Die weitläufige grüne Oase inmitten der Stadt
bietet Spazierwege, Liegewiesen, Restaurants und Cafés, einen
duftenden Rosengarten sowie ein Freilichttheater.

Vondelparkpavilijoen

Wenn man den **Vondelpark** von der Baerlestraat aus betritt und sich nach rechts wendet, trifft man auf den **Vondelparkpaviljoen 1**, das schönste Gebäude im Park. Die stattliche Villa wurde Ende des 19. Jhs. im Stil der Neorenaissance erbaut. Lange Jahre beherbergte sie das Filmmuseum, das mittlerweile in ein neues Gebäude am IJ umgezogen ist (s. Tour 26). Fast 2 km sind es vom einen Ende des langgestreckten Parks bis zum anderen. Im Stil eines englischen Landschaftsgartens entworfen, wurde er 1865 als »Nieuwe Park« eröffnet. Erst als zwei Jahre später ein Denkmal für den niederländischen Nationaldichter Joost van den Vondel aufgestellt wurde, setzte sich der Name Vondelpark durch.

Heute zählt der Park rund zehn Millionen Besucher jährlich, die aus allen Schichten der multikulturellen Stadt stammen. Nicht nur an sonnigen Sommerwochenenden herrscht hier reges Treiben, Familien sitzen beim Picknick auf den Rasenflächen oder schauen dem Nachwuchs auf einem der Spielplätze zu. Radfahren, Rollerbladen, Joggen oder Spaziergehen sind nur einige der Aktivitäten, zu denen der Park animiert. Mit etwas Muße sieht man auch einige der rund 300 Sittiche, die im Park leben. Vor allem an schönen Sommertagen buhlen Nachwuchskünstler jeder Couleur hier, im gemeinsamen Garten aller Amsterdamer, mit spontanen Events – u. a. Jonglage, Akrobatik, Gitarrensoli, Trommelkonzerten – um die Aufmerksamkeit und die Gunst des Publikums und um ein paar Euro Gage.

Im Park

Das Denkmal für **Joost van den Vondel** **2** stammt von Pierre Cuypers. Die Inschriften beziehen sich auf die Städte, in denen der Dichter gelebt hat. Auf dem Sockel befinden sich vier Musen, jede von ihnen repräsentiert eine vom Dichter verwendete poetische Form.

Groot Melkhuis

Das **Groot Melkhuis** **3** **4** 💙 war ursprünglich als Schaufarm für die Stadtbevölkerung mit Scheune und Kühen auf der Weide gedacht. Die Gebäude sahen wie Schweizer Chalets aus, denn die Schweiz galt damals als Symbol für eine gesunde und natürliche Umwelt. Der Name Melkhuis (Milchhaus) geht darauf zurück, dass früher frische Milch in Biergläsern an die Parkbesucher verkauft wurde. Heute kann man im Melkhuis auf einer großen Sonnenterrasse am Wasser sitzen und leckere Kleinigkeiten verspeisen.

Nur wenige Schritte vom großen Spielplatz mit Planschbecken liegt das **Rosarium** `4`. In jedem Beet wird eine spezielle Rosenart mit ihren Varianten präsentiert. Besonders schön für Augen und Nase ist der Besuch zwischen Ende Mai und Ende Juni, wenn die Rosen in voller Blüte stehen.

MAL PAUSE MACHEN

Relaxen und die Beine ausstrecken können Sie im Park natürlich überall. Lassen Sie sich doch auf einer Bank am **Rosarium** nieder. Nicht nur ihrer Nase wird's gefallen.

Im **Open-Air-Theater** `5` werden seit 1974 in den Sommermonaten Juni bis August Musik-, Tanz-, Kabarett-, Film- und Theatervorstellungen gegeben. Es gibt drei Bühnen, der Zugang zu den Veranstaltungen ist gratis (www.openlucht theater.nl).

Als **'t Blauwe Theehuis** `6` (Das Blaue Teehaus) 1936 errichtet wurde, waren seine Form und Farbe der letzte Schrei. Doch auch heute noch ist das runde Teehaus mit den beiden Terrassenetagen ein Hingucker und zudem ein beliebter Ort für eine Tasse Kaffee – das Teeangebot ist eher dürftig.

Bei einem Spaziergang durch den Park kommt man immer wieder an Skulpturen vorbei, eine – in der Nähe des Eingangs am Koninginneweg – stammt sogar von Picasso. Sie trägt den Namen **Figure découpée l'Oiseau** (Ausgeschnittene Figur: Der Vogel), wurde 1965 im Rahmen einer Skulpturenausstellung aufgestellt und nicht wieder entfernt.

Einen angenehmen Abschluss des Spaziergangs bildet der Besuch in der modern und hell eingerichteten **Seafood Bar** `7` (Van Baerlestraat 5, tgl. 11–22.30 Uhr, €–€€).

Touren im Anschluss: 11, 12, 18

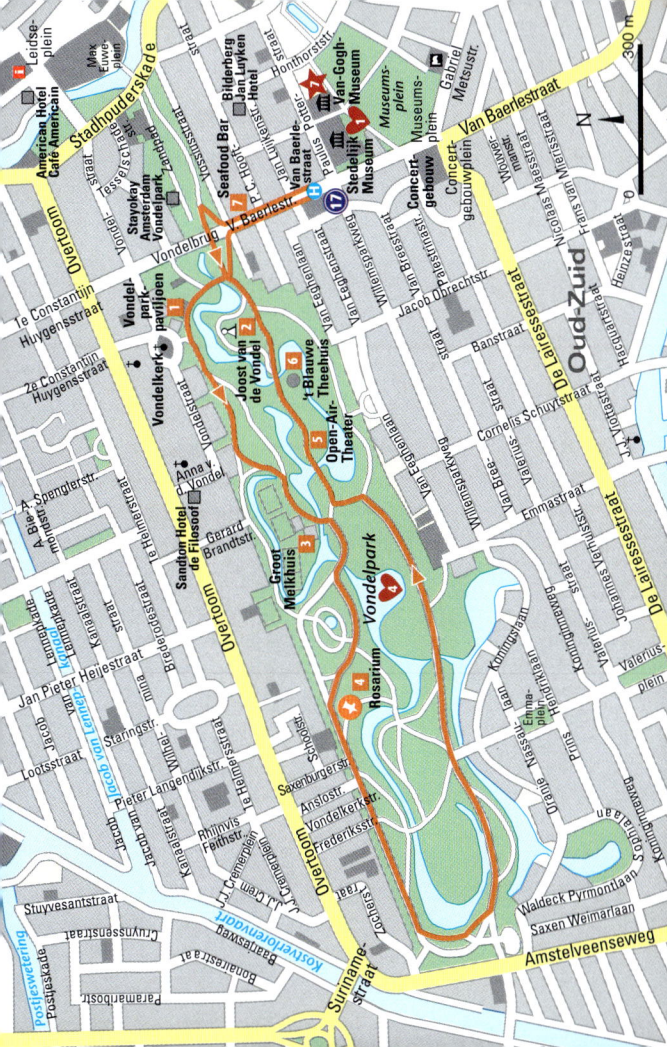

Oud-West

Schöne Wohngegend am Rand des Vondelpark

De Ten Katemarkt › Lab 111 › Eerste Helmersstraat › Gerard Brandtstraat › Vondelpark › Vondelstraat › Hollandsche Manege › Zevenlandenhuizen

Start:	Ⓗ **Ten Katestraat (Straßenbahnen 7, 17, Bus 353)**
Ziel:	Ⓗ **Stadthouderskade/Rijksmuseum (Straßenbahnen 2, 5, Busse 145, 170, 172, 174, 197)**
Wann:	an einem sonnigen Tag, Lab 111 ab nachmittags
Distanz:	2,5 km

Der Spaziergang führt von einem kleinen Wochenmarkt im Amsterdamer Wohnviertel Oud-West zum Vondelpark. Unterwegs lohnt der Besuch eines ungewöhnlichen Restaurants. Eine etwas versteckte Sehenswürdigkeit ist die Holländische Reitschule von 1882.

Auf dem **De Ten Katemarkt** knuspriges Brot und Dips einkaufen und sich dann mit dem Proviant und einer Picknickdecke im **Vondelpark** niederlassen.

MAL PAUSE MACHEN

Der Stadtteil Oud-West ist eine ruhige, beliebte Wohngegend, quasi das Wohnzimmer Amsterdams. Eine bunt gemischte Bevölkerung lebt hier friedlich zusammen. Herausragende Sehenswürdigkeiten bietet dieser Spaziergang nicht, aber man schlendert wie die Einheimischen durch Einkaufsstraßen und über Märkte und kann am Vondelpark einige herausgeputzte Häuser bestaunen. Einer dieser Märkte, z. B. der **De Ten Katemarkt** 1, findet in der Ten Katestraat statt (Mo–Sa 10–17 Uhr). Er ist eine Mischung aus Floh- und Wochenmarkt, neben Billigtextilien kauft man hier Obst, Gemüse und Fisch für den täglichen Bedarf. Touristen sieht man selten. Die Auswahl ist kleiner als auf dem bekannteren Albert Cuypmarkt, die Preise günstiger.

Jenseits des Marktes führt die Ten Kate-straat durch ein Neubaugebiet, vorbei an einem kleinen Fußballplatz. Nachdem man den Kanal auf einer Fußgängerbrücke über-quert hat, lohnt ein kleiner Abstecher nach rechts zum **Lab 111** **2** in der Arie Biemond-straat 111. Das ungewöhnliche Restaurant

Lab 111

der Künstlerplattform SMART Project Space befindet sich in einem ehemaligen pathologisch-anatomischen Labor (Mo–Fr ab 15, Sa/So ab 11 Uhr, €). Angeschlossen ist ein kleines Kino, das tgl. ab 14 Uhr (letzte Vorstellung um 21.30 Uhr) auch ungewöhn-lichen Filmen eine Bühne bietet. Wer möchte, kann das Film-anschauen mit einem zweigängigen Menü kombinieren.

In der **Eerste Helmersstraat** fallen die schönen, alten Back-steinhäuser auf, in der **Gerard Brandtstraat** lohnt es sich, den Blick nach oben zu richten, denn so gut wie alle Häuser besitzen einen Giebel und an diesen einen Hebelbalken. Der ist äußerst praktisch, denn in den schmalen Häusern sind die Treppenhäu-ser sehr eng. Deshalb werden bei einem Umzug große Möbel-stücke mit einem Seil in die oberen Etagen gehievt und durch die Fenster in die Wohnung befördert. Damit die Last frei hängt, besitzen die Häuser eine leichte Neigung zur Straße.

An der viel befahrenen Hauptstraße Overtoon kann man für einen kleinen Snack bei **Bagels & Beans** einkehren (€), bevor man die wenigen Schritte bis zum **Vondelpark** **3** zurücklegt. Dann geht es ein kurzes Stück durch den Park, wobei man linker Hand an einigen sehenswerten Backsteinvillen mit Veranden, Gauben und Schieferdächern vorbeikommt. In der Vondelstraat,

die auch von einigen herrschaftlichen Villen aus dem 19. Jh. gesäumt wird, liegt – etwas versteckt hinter einer neoklassizistischen Toreinfahrt – die **Hollandsche Manege** 4 (tgl. 10–17 Uhr, 8 €). Die Holländische Reitschule wurde 1882 von A. L. van Gendt, von dem auch das Concertgebouw stammt, im Stil einer spanischen Reitschule erbaut. Die Manege wurde 1986 saniert und ist bis heute – dank guter Pflege – ein Schmuckstück. Die rund drei Dutzend Pferde, die hier in den Ställen stehen, lebten früher ziemlich beengt, dürfen mittlerweile aber regelmäßig im Vondelpark auf die Weide. Wer möchte, kann hier gleich Reitunterricht nehmen oder einfach nur im Café sitzen und den Reitschülern zuschauen.

In der **Vondelkerk,** einem schönen Backsteinbau im neogotischen Stil von P. J. H. Cuypers, der auch den Hauptbahnhof von Amsterdam sowie das Rijksmuseum entworfen hat, befinden sich heute mehrere Büros. Bevor man den Spaziergang entspannt durch den Vondelpark fortsetzt, lohnt ein kurzer Abstecher in die Roemer Visscherstraat zu den **Zevenlandenhuizen** 5 (Siebenländerhäuser). Hier hat 1894 der Architekt Tjeerd Kuipers eine Reihe von sieben Häusern im jeweils typischen Stil eines europäischen Landes erbaut.

Der schmale, östliche Ausläufer des Vondelparks endet an der Stadhouderskade mit Blick auf die Singelgracht. Bis zur Haltestelle am Rijksmuseum sind es nur wenige Schritte.

Touren im Anschluss: 11, 12, 17

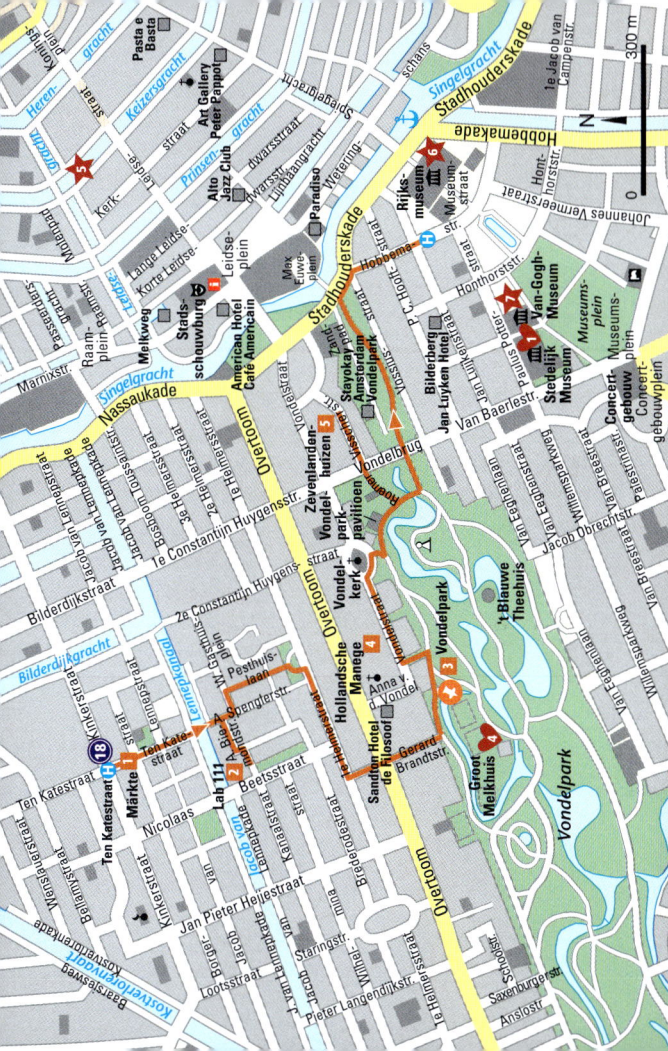

Durch das einstige Arbeiterviertel Westerpark

Cultuurpark Westergasfabriek › Wasserturm › Van Bosse-straat › De Wittenkade › Van Limburg Stirumplein

Start:	Ⓗ **Van L. Stirumstraat (Straßenbahn 10)**
Ziel:	Ⓗ **Van L. Stirumstraat (Straßenbahn 10)**
Wann:	**Cultuurpark jederzeit, sonst bei trockenem Wetter**
Distanz:	**3,5 km**

Hauptsehenswürdigkeit auf diesem Spaziergang ist die Wester-gasfabriek, ein weitläufiges Industriedenkmal, das heute eine Reihe von Galerien, Bars und Restaurants beherbergt und vielen kulturellen Initiativen Raum gibt. Im weiteren Verlauf kommt man am ehemaligen Wasserturm und einigen Hausbooten vorbei.

Seit 1989 sind die Industriegebäude der ehemaligen Westergas-fabrik Industriedenkmal, einige Jahre später entstand auf dem Gelände der **Cultuurpark Westergasfabriek 1** als Treffpunkt für Kreative, Kulturschaffende und Veranstalter mit innovativen Ideen für nachhaltige Lebensweise und Freizeit (www.wester gasfabriek.nl). Am Eingang zum Park, gleich neben der Zugbrü-cke, befindet sich im ehemaligen Reglerhaus der **Bakkerswin-kel.** Neben Brot und Kuchen gibt es hier auch immer einen preis-günstigen Mittagsimbiss (Mo–Do 8.30–17, Fr bis 18 Uhr, Sa/So 10–18 Uhr, €).

In der Pazzanistraat laden – mit der **Kuvva Gallery** (Nr. 33, s. Shopping, S. 142) und **Kallenbach** (Nr. 9) – zwei Galerien zum Anschauen moderner Kunst ein. Original italienischen Kaffee-genuss verspricht die nur wenige Schritte entfernte **Espresso-**

fabriek (Mo–Fr 9.30–18, Sa/So 10–18 Uhr, €). Die **Westergas Terras** ist, wie der Name vermuten lässt, ein Café und Restaurant mit großer Terrasse, von der man einen schönen Blick in den Naturgarten genießt. Auf der Karte finden sich überwiegend kleine Gerichte (Fr/Sa Tanz im OG; 11–1 Uhr, Sa/So ab 10 Uhr, €).

Het Ketelhuis ist ein Kino mit mehreren Sälen, in denen oft Premieren gezeigt werden, auch deutsche Filme. Der Name erinnert noch an die frühere Funktion des Gebäudes, denn hier standen die Kessel, in denen die Steinkohle für die Gasproduktion erhitzt wurde. Weinliebhaber treffen sich in der **Wester Wijnfabriek,** wo man rund 70 Weine verkosten und einen Vorrat fürs Picknick im Park einkaufen kann.

Das Herz des neuen Westerparks bildet eine große Rasenfläche, das **Manifestatieterrein.** Im Sommer treffen sich hier die Amsterdamer in Scharen, auch Konzerte mit internationalen Größen haben hier schon stattgefunden. Wer Lust hat, kann ein wenig die Umgebung der Rasenfläche mit Wassergarten und Stadtgarten erkunden. Früher gab es auf dem Gelände der Westergasfabriek vier riesige Gasometer, in denen Gas gebunkert wurde, um die Stadt zu versorgen, heute sind davon nur noch die Fundamente zu sehen.

Westergasfabriek

Auf dem ehemaligen Gelände der städtischen Wasserwerke ragt auf dem Watertorenplein seit 1966 der weiße stählerne **Wasserturm** **2** in den Himmel. Zu seinen Füßen befindet sich ein kleiner achteckiger Turm, in dem ehemaligen Windkesselgebäude ist heute das Einzimmerhotel **De Windketel** untergebracht (s. Hotels, S. 133).

Nur wenige Schritte entfernt speist man hervorragend im **Café-Restaurant Amsterdam** (s. Restaurants, S. 135). Die Inneneinrichtung erinnert noch an die frühere Nutzung des Gebäudes als Pumpstation. Rund um den Watertorenplein entstand gegen Ende der 1990er-Jahre ein autofreies ökologisches Wohnviertel mit viel Grün. Durch den Mix aus Miet- und Eigentumswohnungen leben hier unterschiedliche Bevölkerungsgruppen nebeneinander.

Am Ufer des **Oostelijk Marktkanaal** ❸ liegen die Hausboote dicht an dicht, eine kleine Grünanlage schirmt sie zur Straße ab. Auffällig ist, dass kein Hausboot dem anderen gleicht, denn die Bewohner haben mit viel Fantasie ihre Visionen verwirklicht. Im Gegensatz zu den meisten Grachtenhausbooten sind die am Marktkanaal oft zweistöckig.

Blickt man an der Spitzkehre über den Kanal, sieht man **De Otter Mühle** ❹ von 1691. Sie ist das letzte erhalten gebliebene Relikt des Mühlenviertels. In die Nr. 8 der Tweede Nassaustraat lohnt es sich, hineinzugehen. Früher war es ein Schulhof, heute haben mehrere Künstler hier ihre Ateliers.

Der Spaziergang endet am **Van Limburg Stirumplein.** Für einen Snack oder Kaffee bietet sich das traditionsreiche **Café de Gruyter** an, dessen Einrichtung zwischen nüchtern und Art déco angesiedelt ist (Van Limburg Stirumstraat 4–6). Bei schönem Wetter bieten die Tische vor der Tür eine reizvolle Alternative.

MAL PAUSE MACHEN

Öffnen Sie die Pforte in der **Tweede Nassaustraat 8:** Dahinter verbirgt sich der Innenhofgarten, eine beschauliche grüne Oase, in der sogar Palmen gedeihen.

Tour im Anschluss: 20

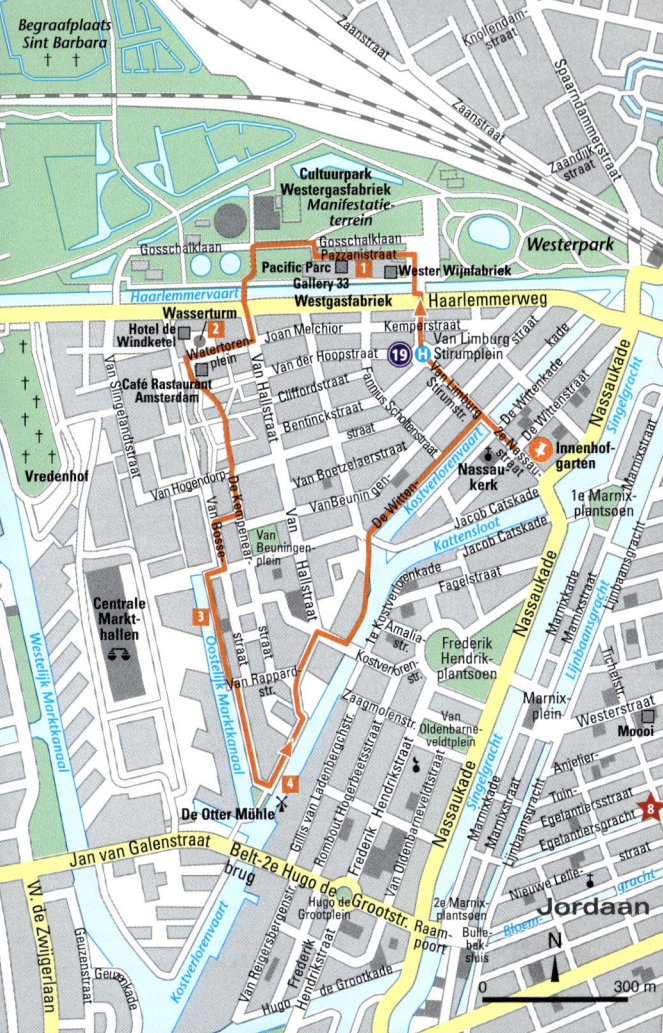

Vom Westerpark zum Het Schip

Kulturfabrik und fantasievolle Hausboote

Westerpark › Zaanstraat › Badehaus › Spaarndammerplantsoen › Het Schip › Zaanstraat › Haparandaweg ›
REM Eiland › Westerpark › Van Limburg Stirumplein

Start:	Ⓗ Van L. Stirumstraat (Straßenbahn 10)
Ziel:	Ⓗ Van L. Stirumstraat (Straßenbahn 10)
Wann:	Museumsbesuch Di–So, Restaurant REM Eiland bei schönem Wetter
Distanz:	5,5 km

Erst die kleine grüne Oase Westerpark, dann spannende Architektur: Die Tour führt zum Wohnkomplex Het Schip, einem der spektakulärsten Beispiele der »Amsterdamer Schule«, und weiter durchs Hafengebiet, wo seit einiger Zeit interessante Neubauten entstehen.

Westerpark

Nach dem Überqueren der Zugbrücke betritt man das Gelände des Kulturparks **Westergasfabriek,** nach wenigen Schritten ist man dann im alten **Westerpark** 1. 1891 wurde dieses Ensemble aus Bäumen und Rasenflächen als Gegenentwurf zu den strengen französischen Parks im romantischen englischen Stil angelegt. Die gewundenen Pfade sollen Spaziergängern das Gefühl geben, sich außerhalb der Stadt inmitten »echter« Natur zu befinden. Etwas Kunst gibt es trotzdem zu bestaunen: einige interessante Skulpturen und Objekte im Park wie beispielsweise das ungewöhnliche künstlerische Arrangement in seiner Mitte – ein Brautkleid, das auf dem zentralen Teich schwimmt.

Anschließend geht man ins Viertel Spaarndammerbuurt, das früher keinen guten Ruf hatte, sondern als Mord- und Brandviertel verschrien war. Da viele Menschen Ende des 19. Jh. auf der Suche nach Arbeit vom Land hierher zogen, wurden Häuser lieb- und planlos aus dem Boden gestampft. Die Wohnsituation war schlecht, viele Wohnungen besaßen weder Bad noch Toilette.

Nur für Frauen: Im **Hamam** schwitzen und entspannen, Handtücher können Sie leihen.
• Zaanstraat 88, Di–Fr 12–22, Sa/So bis 20 Uhr, 17 €

An der Zaanstrat Ecke Adrichemstraat befindet sich ein ehemaliges öffentliches **Badehaus** 2 . Vorn war der Eingang für Frauen, hinten für Männer, heute ist in dem Gebäude ein Hamam untergebracht. Der Architekt des Badehauses ist zwar unbekannt, doch die Verzierungen legen nahe, dass er zur Amsterdamer Schule gehörte.

Anfang des 20. Jh. begann schließlich ein Umdenken in Bezug auf Qualität und Ästhetik des Wohnungsbaus. Großen Anteil daran hatten eben jene Architekten, die der Amsterdamer Schule zugerechnet werden. Diese pflegten einen Baustil, der von Art déco und Expressionismus beeinflusst war. Architekten wie J. M. van der Mey, M. de Klerk und P. L. Kramer verstanden sich eher als Künstler denn als rationale Planer. So entstanden Wohnblocks aus Backstein mit vielfältigen Verzierungen wie Skulpturen und Schmiedearbeiten.

Die Grünanlage **Spaarndammerplantsoen** 3 und die sie umgebenden Wohnblocks waren der erste Auftrag im sozialen Wohnungsbau an den Architekten Michel de Klerk, die Ausführung erfolgte zwischen 1913 und 1918. Lohnend ist ein Blick auf die kunstvolle Verarbeitung des Backsteins, die Skulpturen an den Giebeln und die Wappenschilde, die an die Dörfer aus dem Zaangebiet erinnern. Nach diesen Dörfern wurden auch die

Straßen des Viertels benannt. Eines der schönsten Beispiele der Amsterdamer Schule ist der Wohnblock **Het Schip** 4 am Spaarndammerplantsoen (Di–So 11–17 Uhr). Der 1921 von dem

Het Schip

Architekten Michel de Klerk errichtete Gebäudekomplex ist ein expressionistisches Gesamtkunstwerk aus roten Klinkern und weißen Leiterfenstern, das wie ein Schiffsbug wirkt. Im ehemaligen Postamt ist heute ein Museum untergebracht, das umfassend über die Amsterdamer Schule informiert, eine restaurierte Arbeiterwohnung zeigt und einen Blick in den Turm ermöglicht. Führungen zu den interessantesten Bauwerken im Viertel werden angeboten.

Von der Rückseite von Het Schip gelangt man durch ein Tor von der Zaanstraat in den **Zaanhof** 5. In den öffentlichen Innenhof führen fünf Tore, die mit neoromanischen Fenstern, Säulen, Ornamenten und Fliesenbildern geschmückt sind. Bei der Planung des Innenhofs ging der Architekt H. J. M. Walenkamp vom englischen Gartenstadtgedanken aus. Eine Vorgabe war, dass auch Arbeiter ein Recht auf ein Haus mit Garten haben. Bis heute zählt der Zaanhof zu den bevorzugten Wohnlagen der Stadt.

Der nun folgende Abstecher führt ins Hafengebiet, wo es seit Jahren eine rege Bautätigkeit gibt, und zum **REM Eiland** 6, von dem man einen schönen Ausblick auf das Hafengebiet genießt (s. Restaurants, S. 139). Kurz vor Ende der Tour kommt man wieder zum Westerpark und kann sich an der Zugbrücke im De Bakkerswinkel stärken (Mo–Do 8.30–17, Fr bis 18, Sa/So 10–18 Uhr, €), bevor die Tour dann am Van Limburg Stirumplein endet.

Tour im Anschluss: 19

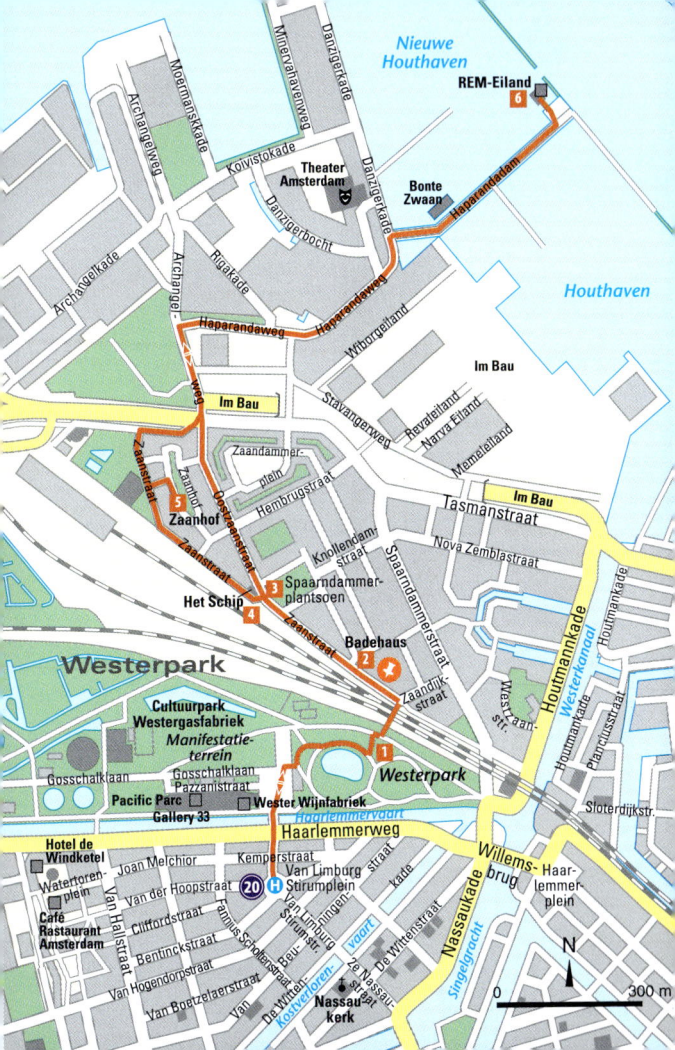

Schifffahrtsmuseum und Science Center NEMO

De Gooyer-Windmühle › Museum 't Kromhout › Het Scheep-vaartmuseum › NEMO › Prins Hendrikkade › De Appel Arts Centre › Oosterdokskade › Openbare Bibliotheek

Start:	Ⓗ **Hoogte Kadijk (Straßenbahn 10)**
Ziel:	Ⓗ **Centraal Station (Metro, Busse, Straßen-bahnen 1, 2, 4, 5, 9, 13, 16, 17, 24, 26)**
Wann:	**jederzeit, die Aussichtspunkte bei Sonnenschein**
Distanz:	**4,5 km**

Die Museen nördlich des Zentrums bieten für jeden etwas: Man erfährt viel über die Geschichte der Seefahrt, kann den Nachbau eines Ostindienseglers besichtigen, nach Herzenslust experimentieren oder sich an moderner Kunst erfreuen. Bei gutem Wetter hat man hier auch einen schönen Blick über das Hafengebiet.

Musueum Werf 't Kromhout

Die stattliche **De Gooyer-Windmühle** **1** liegt direkt am Wasser und dient als erste Landmarke auf diesem Spaziergang. Neben der Windmühle produziert die **Brouwerij 't IJ** seit 1985 einige Biobiere, darunter auch ein Starkbier mit 9 Prozent Alkohol. Wer am Nachmittag zu diesem Spaziergang startet, kann an einer Brauereiführung teilnehmen und sich danach im kleinen Pub unter der Windmühle von der Qualität der Biere überzeugen (www.brouwerijhetij.nl, Di–So 14 bis 20 Uhr, Führungen auf Englisch Fr/Sa/So um 15.30 Uhr). Nur dienstags ist das **Museum 't Kromhout** **2** geöffnet (Hoogte

Kadijk 147, www.kromhoutmuseum.nl, 9.30–15.30 Uhr), sonst kann man nur einen Blick über den Zaun auf die hier vor Anker liegenden Schiffe werfen. Auf der 1757 gegründeten Werft werden auch heute noch Schiffe gewartet und repariert. Im Museum sind vor allem Kromhout-Schiffsmotoren zu sehen, darunter auch der berühmte 12-PS-Motor von 1904.

Nächstes Ziel ist **Het Scheepvaartmuseum** **3** 💔, das monumentale Gebäude von 1656 diente lange als Flottenarsenal. 1973 wurde das Schifffahrtsmuseum eröffnet und vor ein paar Jahren zu einem modernen Museum umgebaut (Kattenburgerplein 1, www.hetscheepvaartmuseum.nl, tgl. 9–17 Uhr, 16 €, 5–17 J. 8 €). Multimedial kann man mit der »Vereenigten Ostindischen Compagnie« auf die Reise gehen, Seeschlachten nachspielen sowie Schiffsmodelle anschauen. Besonders eindrucksvoll ist die Ausstellung von historischen Navigationsinstrumenten und Globen. Vor dem Museum liegt der Nachbau des Ostindienseglers *Amsterdam* vor Anker. Das Original ist im Winter 1749 im englischen Kanal gesunken. Wer die Laderäume sowie Mannschafts- und Offiziersunterkünfte erkundet, kann sich in etwa vorstellen, unter welch miserablen Bedingungen die rund 350-köpfige Besatzung arbeiten musste.

Am Ufer des IJ fällt ein futuristisch anmutendes Aluminiumgebäude mit großen Fenstern zur Wasserfront auf: das **Architekturzentrum Arcam** **4**. Hier werden interessante Ausstellungen zur Stadtplanung und zu architektonischen Entwicklungen gezeigt, außerdem können sich Besucher über die jüngsten Ideen informieren (www.arcam.nl, Di–Sa 13–17 Uhr, Eintritt frei).

Arcam

Über der Einfahrt zum IJ-Tunnel thront das futuristische **Science Center NEMO** 5. Im Innern können sich Kinder, Jugendliche und jung gebliebene Erwachsene nach Herzenslust an naturwissenschaftlichen Experimenten versuchen. Ebenso interessant ist die Architektur. An der höchsten Stelle ragt das Gebäude mit der grünen Kupferfassade – das die Handschrift des Stararchitekten Renzo Piano trägt – rund 30 m aus dem Wasser und wirkt dabei wie ein Schiffsbug, der im Wasser zu versinken droht (www.nemoscience museum.nl, Di–So 10–17.30 Uhr, 16,50 €).

Von der Brücke über die Oudeschans-Gracht ist der **Montelbaanstoren** 6 zu sehen, der Turm ist eines der letzten Überbleibsel der mittelalterlichen Stadtbefestigung. Die Einheimischen nennen ihn noch heute wegen seines ungenauen Glockenspiels im 17. Jh. »Malle Jaap«, was soviel wie alberner Jacob bedeutet. Nur wenige Schritte weiter liegt links das **De Appel Arts Centre** 7. Das Haus beherbergt ein Zentrum für zeitgenössische Kunst, das wechselnde Ausstellungen zeigt (deappel.nl, Di–So 12–18 Uhr).

Auf der Nordseite des Oosterdok sticht ein weiteres Highlight der modernen Amsterdamer Architektur ins Auge, die **Openbare Bibliotheek** 8, kurz OBA genannt. Sie ist eine der größten Bibliotheken Europas, meisterhaft gestaltet von Jo Coenen, einem weiteren Stararchitekten. In der Halle werden häufig Ausstellungen und Lesungen veranstaltet (www.oba.nl, tgl. 10–22 Uhr). Das Restaurant im siebten Stock bietet Kulinarisches und einen fantastischen Ausblick.

Touren im Anschluss: 1, 3, 5

MAL PAUSE MACHEN

Das Dach des **NEMO** ist die größte Dachterrasse Amsterdams: herrlich zum Ausruhen und grandios, um den Blick schweifen zu lassen; mit Wasser- und anderen Spielen für Kids.

Botanischer Garten, Zoo und Tropenmuseum

**Plantage Middenlaan › Hortus Botanicus › Wertheim Park ›
Plantage Kerklaan › Zoo › Tropenmuseum**

Start:	Ⓗ **Mr. Visserplein (Straßenbahnen 9, 14)**
Ziel:	Ⓗ **Alexanderplein (Straßenbahn 10, Bus 357)**
Wann:	**Zoo und Botanischer Garten bei trockenem Wetter**
Distanz:	**1,8 km**

Beim Spaziergang durch das Plantage-Viertel kommen Naturliebhaber im Hortus Botanicus, im Wertheim Park und im Zoo auf ihre Kosten, Kulturinteressierte und Museumsgänger im Widerstandsmuseum, in der Hollandsche Schouwburg und im Tropenmuseum.

MAL PAUSE MACHEN

Auch bei miesem Wetter sitzt man im **großen Gewächshaus** im **Botanischen Garten** trocken und warm. Schön, dass es hier unter hohen Bäumen Bänke gibt.
• tgl. 10–17 Uhr

Der **Hortus Botanicus** 1 ⭐ 9, 1638 als Hortus Medicus Amstelodamensis gegründet, ist einer der ältesten botanischen Gärten der Welt. Die ersten exotischen Pflanzen kamen aus den Überseegebieten Mauritius, Batavia (dem heutigen Jakarta) oder Bengalen. Heute werden auf dem 1,2 ha großen Areal rund 4000 verschiedene Pflanzenarten kultiviert. Zwischen 1885 und 1918 wurde der Garten von Hugo de Vries, einem bekannten niederländischen Biologen und Wiederentdecker der Mendelschen Regeln, geleitet. Neben den Freilandbeeten und dem Arboretum sind vor allem die großen Gewächshäuser mit tropischen Pflanzen und Wüstenpflanzen sehenswert. Hier wächst auch ein großer Brotpalmfarn, der vor 300 Jahren aus Südafrika in die Niederlande gebracht wurde, er ist damit

eine der ältesten Topfpflanzen der Welt (Plantage Middenlaan 2 A, dehortus.nl, tgl. 10–17 Uhr). Für eine kleine Pause bietet sich das **Café in der Orangerie** an (s. Restaurants, S. 136).

Der **Wertheim Park** **2**, direkt neben dem Hortus Botanicus,
wurde 1898 zur Erinnerung an den jüdischen Kunstliebhaber
und Bankier A.C. Wertheim angelegt. Seit 1993 erinnert das
Spiegel-Mahnmal im Park eindrucksvoll an die Opfer des Kon-
zentrationslagers Auschwitz, es besteht aus zerbrochenen Spie-
geln, die zum Himmel zeigen. Das **Verzetsmuseum** **3** befasst
sich mit dem Widerstand gegen die deutsche Besatzung im
Zweiten Weltkrieg (Widerstandsmuseum, Plantage Kerklaan 61A,
www.verzetsmuseum.org, Mo–Fr 10–17, Sa, So 11–17 Uhr). Untergebracht ist das Museum im Plancius-Bau, der früher der jüdischen Gemeinde als Theater und Musikhalle diente. An diese
Zeit erinnert noch der Davidstern an der Fassade. Die interaktive
Ausstellung erläutert die Aktivitäten des Widerstandes, aber
auch das Alltagsleben während dieser Zeit.
Zum Museum gehört die Brasserie Plancius,
die internationale Snacks auf der Karte hat
(tgl. 10–22 Uhr, €).

Der Amsterdamer **Zoo Artis Magistra** **4**,
1838 gegründet, bietet auf einem Besuch
viel Abwechslung (www.artis.nl, März–Okt.
tgl. 9–18, sonst bis 17 Uhr, 23 €, 3–9 J. 19,50 €). Mehrere Tau-
send Tiere aus aller Welt sind in großen Gehegen, im Insekta-
rium, im Schmetterlingshaus und im Aquarium zu sehen. Daneben lohnt auch ein Blick auf die historische Architektur des
19. Jhs., wobei das kürzlich sanierte Aquarium hervorsticht.

Die **Hollandsche Schouwburg** **5** erinnert an die jüdischen
Opfer des Zweiten Weltkriegs (www.hollandscheschouwburg.nl,

tgl. 11–16 Uhr). Einst war das Gebäude ein prunkvolles Theater, wurde dann aber von den deutschen Besatzern zum Deportationszentrum für Juden umfunktioniert. Rund 100 000 niederländische Juden sind im Zweiten Weltkrieg ums Leben gekommen. 60 000 bis 80 000 von ihnen wurden in die Hollandsche Schouwburg gebracht, bevor sie ins Lager Westerbork und dann weiter in die deutschen Konzentrationslager deportiert wurden. Von der Eingangshalle kommt man in eine Kapelle, in der eine ewige Flamme brennt, 6700 eingravierte Namen erinnern stellvertre-

Tropenmuseum

tend an alle Opfer. Die Ausstellung im ersten Stock beschreibt die Verfolgung der Juden zwischen 1940 und 1945.

Das **Tropenmuseum** 6 ist eines der modernsten völkerkundlichen Museen Europas mit einem Bestand von einigen Hunderttausend Objekten, darunter historische Fotografien, Musikinstrumente, Zeichnungen und Gemälde. Schwerpunkte der keineswegs verstaubten Dauerausstellungen sind Exponate aus den früheren Kolonien Niederländisch-Indien, Niederländisch-Guayana und Niederländische Antillen. In der Halle im Zentrum des Gebäudes finden Sonderausstellungen statt, auf den beiden Emporen rund um die Halle werden Dauerausstellungen gezeigt (www.tropenmuseum.nl, Di–So 10–17 Uhr, 15 €, erm. 8 €).

Auf dem Weg vom Tropenmuseum zur Straßenbahn am Alexanderplein kommt man am Restaurant **Elkaar** vorbei, hier kann man mittags für einen zweigängigen Gourmetlunch einkehren, am Abend werden mehrgängige Gourmetmenüs serviert (Alexanderplein 6, Di–Sa 12–14.30 und 18–22 Uhr, €€€).

Tour im Anschluss: 24

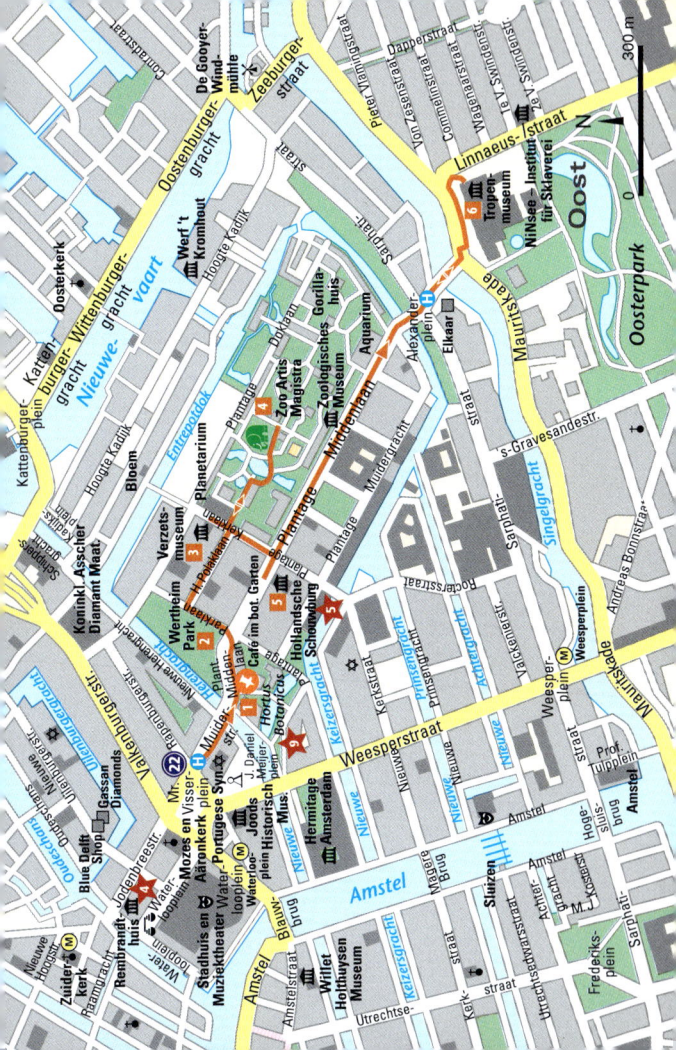

Tour 23 — Java- und KNSM-Eiland

Neues Stadtviertel und postmoderne Architektur

Muziekgebouw › **Piet Heinkade** › **Jan Schaeferbrug** › **Javakade** › **Sumatrakade** › **KNSM-Laan** › **Sky Dome** › **Piraeus** › **Emerald Empire** › **Verbindingsdam**

Start:	Ⓗ **Muziekgebouw Bimhuis (Straßenbahn 26)**
Ziel:	Ⓗ **C. van Eesterenlaan (Straßenbahn 10, Busse 48, 65, 359)**
Wann:	**bei schönem Wetter**
Distanz:	**4 km**

Auf den künstlichen Inseln Java und KNSM im östlichen Hafengebiet ist ein vollkommen neues Stadtviertel entstanden. Architekturinteressierte finden hier spektakuläre postmoderne Häuser von verschiedenen Architekten.

Muziekgebouw

Nicht weit vom Hauptbahnhof drängt sich direkt am Ufer des IJ seit 2005 der moderne Glaskasten des **Muziekgebouw aan 't IJ** **1** in den Blick. In seinem großen Konzertsaal, finden mehr als 700 Besucher Platz. Bekannte nationale und internationale Künstler, aber auch junge Musiker aller Stilrichtungen machen das Muziekgebouw zu einem der gefragtesten Veranstaltungsorte Amsterdams (Tickets: www.muziekgebouw.nl, Tel. 020 788 20 00, Mo–Sa 12–18 Uhr).

Östlich vom Muziekgebouw liegt das neue Kreuzfahrtterminal, gut zu erkennen an dem gläsernen Gebäude in Wellenform. Java-Eiland und die direkt anschließende KNSM-Insel wurden

Ende des 19. Jhs. als Wellenbrecher im IJ angelegt und später als Hafen genutzt. Von hier fuhren die Dampfer nach Übersee, z. B. nach Batavia (das heutige Jakarta) auf Java. Nach der Reederei Koninklijke Nederlandse Stoomboot-Maatschappij (KNSM) wurde die Insel benannt. Nach dem Ende der Passagierschifffahrt zogen Hausbesetzer und Künstler in die leeren Hafengebäude ein, bis in den 1990er-Jahren der Plan reifte, hier ein ganz neues Stadtviertel mit 8000 Wohnungen entstehen zu lassen. Federführend war Architekt Jo Coenen. Seine Ideen waren für die damalige Zeit recht ungewöhnlich, er hat in die postmoderne Architektur sehr wirkungsvoll einige alte Gebäude integriert.

Java-Eiland wird von vier Kanälen durchflossen, dazwischen liegen von verschiedenen Architekten entworfene Kanalhäuser, die mit Rad- und Fußgängerbrücken verbunden sind. Schlendert man entlang der Sumatrakade, hat man zwar einen schönen Blick aufs Wasser, die geschlossene Häuserfront wirkt aber nicht besonders einladend. Erst wenn man einem der Kanäle folgt, zeigt sich das durchaus charmante Innere der Wohnblocks.

Seit 2005 steht auf der westlichen Spitze von Java-Eiland eine Skulptur von Pieter Starreveld, sie zeigt einen **Fischer** **2**, der hinaus aufs Wasser schaut. Er blickt in Richtung Hauptbahnhof, Muziekgebouw und Kreuzfahrtterminal.

Loods 6 **3** ist eines der alten Hafengebäude, das zumindest teilweise erhalten

Im **Restaurant Zouthaven** über dem Muziekgebouw überblickt man den IJ – planen Sie hier eine Mittagspause ein.
• Piet Heinkade 1, tgl. 11.30–15.30, 17.30–21 Uhr, an Konzerttagen länger, €€€

Wohnen auf Java-Eiland

geblieben ist. Gebaut wurde Loods 6 Anfang des 20. Jhs. als Warenhaus, später wurde es als Passagierterminal genutzt. Im Innern sind noch einige Elemente aus dieser Zeit zu sehen, während das Äußere modern ist. Im Haus lohnt ein Besuch des

Sky Dome

Kompaszaal. Das Café-Restaurant befindet sich in der einstigen Ankunftshalle der Niederländischen Dampfschifffahrtsgesellschaft (€€). Auf dem Balkon des Gebäudes hat man einen tollen Blick über den IJ.

Mit seiner grauen Fassade und kleinen Fenstern ist der **Sky Dome** 4 des Architekten Wiel Arets nicht unbedingt eine Augenweide, aber im wahrsten Sinne des Wortes herausragend. Mit 22 Stockwerken und 60 m Höhe ist es das einzige Hochhaus auf der KNSM-Insel.

Das größte und bemerkenswerteste Gebäude auf der KNSM-Insel ist der **Wohnblock Piraeus** 5 10 von den deutschen Architekten Hans Kollhoff und Christian Rapp. Die Fassade des riesigen Gebäudes mit seinen über 300 Wohnungen wirkt wie eine Skulptur. Auch hier wurde ein dreigeschossiger Altbau in den Wohnblock mit einbezogen. Besonders viel Augenmerk haben die Architekten auf eine luftige und lichtdurchflutete Gestaltung des Blocks gelegt. Von der Terrasse des Cafés Kanis en Meiland im Erdgeschoss hat man einen schönen Blick auf das Hafenbecken und die Hausboote (Levantkade 127).

Nicht minder bemerkenswert ist das runde Gebäude, **Emerald Empire** 6 von Jo Coenen, das auf der östlichen Spitze der KNSM-Insel steht. Zurück geht's die Levantkade am Wasser entlang über die Brücke zur Haltestelle.

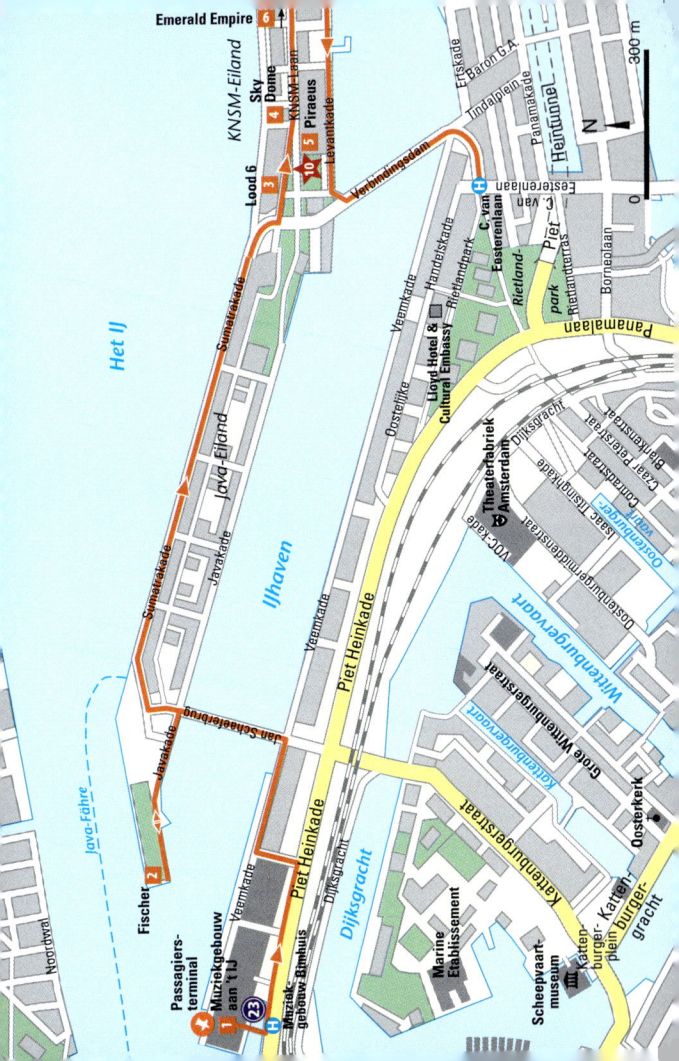

Indische Buurt und Dappermarkt

Multikulturelles Leben in der Indischen Buurt

Javastraat › Dapperstraat › Dappermarkt › Javastraat ›
Sumatrastraat › Timorplein › Borneostraat › Javaplein

Start: Ⓗ Javaplein (Straßenbahn 14)
Ziel: Ⓗ Javaplein (Straßenbahn 14)
Wann: tagsüber, an Markttagen: Mo–Sa 9–17 Uhr
Distanz: 4,5 km

In Amsterdams Zentrum kommt keine Langeweile auf. Trotzdem lohnt es sich, einmal abseits der üblichen Sightseeing- und Szenequartiere auf Erkundungstour zu gehen – beispielsweise in der Indischen Buurt (Indisches Viertel), einem Arbeiterbezirk, in dem viele Zuwanderer leben und eine etwas andere Einkaufskultur pflegen.

Als man zu Beginn des 20. Jh. das Stadtviertel **Indische Buurt** anlegte, hatte man in erster Linie die Hafenarbeiter im Blick. Ihnen wollte man hier, im Osten Amsterdams, ein neues Wohnquartier schaffen. In den 1960er-Jahren wurde der (östliche) Hafen Amsterdams dann aber in den Westen verlegt, und das Viertel mit den schmucken Backsteinhäusern war für die Hafenarbeiterfamilien nicht mehr attraktiv. In den 1970er-Jahren wurden die alten Häuser teilweise abgerissen und durch nüchterne Zweckbauten ersetzt.

Die Häuser an der **Javastraat** 1 aber wurden Ende des 20. Jh. mustergültig saniert. Heute kann man sich an der historischen Bausubstanz und an der vitalen Kiezatmosphäre erfreuen. Die

Straße gilt als die bunteste Shoppingmeile Amsterdams. Wer sich hier umschaut, begibt sich auf eine kleine Weltreise, die interessante Einblicke in fremdes Kulturleben eröffnet. Wie schon der Straßenname andeutet, reihen sich in der Javastraat Läden mit Lebensmitteln aus vielen Ländern – orientalische und asiatische Imbisse, türkische Bäckereien. Mit den Einrichtungshäusern, die den unterschiedlichen Lebensstil der multikulturellen Bevölkerung reflektieren, kann der durchschnittliche Westeuropäer vielleicht weniger anfangen, dennoch bieten sie interessante Entdeckungen, z. B. silberne Kunstledersesselchen mit Baldachin, auf dem eine Braut an ihrem Ehrentag in Szene gesetzt wird. So gemischt wie das Warenangebot ist natürlich auch die Kundschaft in der Javastraat. Etwa 150 Nationalitäten leben in dieser Nachbarschaft und rund 70 Prozent der Bewohner haben einen Migrationshintergrund.

Am Ende der Javastraat gelangt man an eine Eisenbahnunterführung, deren städtebaulicher Charme zwar gegen Null tendiert, dennoch lohnt es sich bis zur **Dapperstraat** weiterzugehen. Denn diese ansonsten gesichtslose Straße kann mit dem quirligen **Dappermarkt** **2** aufwarten (Mo–Sa 9–17 Uhr). Über 200 Händler bieten auf einer Länge von 600 m Frischfisch und Räucherware an, Obst, Gemüse, Leckerbissen wie vietnamesische Sommerrollen, exotisches Gebäck und Gouda in allen Reifestufen, außerdem Secondhandklamotten, Stoffe als Meterware, Kosmetik- und Hygieneartikel, dies alles zu konkurrenzlos günstigen Preisen. Auch die gut 120 Shops entlang des Marktes verlocken zum Stöbern, es gibt preisgünstig Kleidung, Schuhe, Taschen und mehr.

Auf dem Dappermarkt

Gemütlich ein-
kehren und boden-
ständig essen kann
man im **Eetcafé de
Grote Pan**.
• Dapperstraat, Ecke
 Commelinstraat 67,
 tgl. 7–18 Uhr, €

Anschließend kann man sich in den umliegenden Lokalen stärken, z. B. mit »Verse
Frites« – also Pommes Frites – und einer Por-
tion Fisch.

An vier Tagen im Jahr zwischen Ende Mai
und Ende Juli finden sich Händler aus ganz
Holland auf dem Dappermarkt ein und bie-
ten ihre Ware – ähnlich wie auf dem Hamburger Fischmarkt – mit
erstaunlichem Stimmeinsatz an. Am Ende des Tages wird der
Marktschreier mit den besten Entertainerqualitäten prämiert
(Termine der Sonntagsmärkte erfragt man bei den Tourismus-
büros). Am nördlichen Ende der Dapperstraat legen von Früh-
ling bis Herbst die **Hop-on/Hop-off-Kanalschiffe** 3 an, mit denen man beschaulich zurück in die Altstadt schippern kann
(Mauritskade/Haltestelle Dappermarkt).

Etwas mehr von der Indischen Buurt erlebt man, wenn man
auf dem Rückweg noch einmal durch die Javastraat schlendert.
Bei schönem Wetter bietet sich ein Abstecher in den **Oosterpark**
an, wo ein **Slavernijmonument** (Sklaven-Denkmal) 4, ein anderes an den 2004 von einem Islamisten ermordeten Regisseur
Theo van Gogh erinnert.

Wieder zurück auf der Swindenstraat, biegt man in die **Sumatrastraat** 5 ein, um den Timorplein anzusteuern. Hier kann
man im **Studio K** 6 noch eine letzte Pause einlegen, ein Kultur-
treffpunkt für alle Tageszeiten mit Kino, Café-Restaurant, einem
Klub, in dem die Jugend die Nächte durchtanzt. Ein nettes Plätzchen ist auch **Het Badhuis** 7, ein zum Café umgebautes Badehaus auf dem Javaplein.

Tour im Anschluss: 22

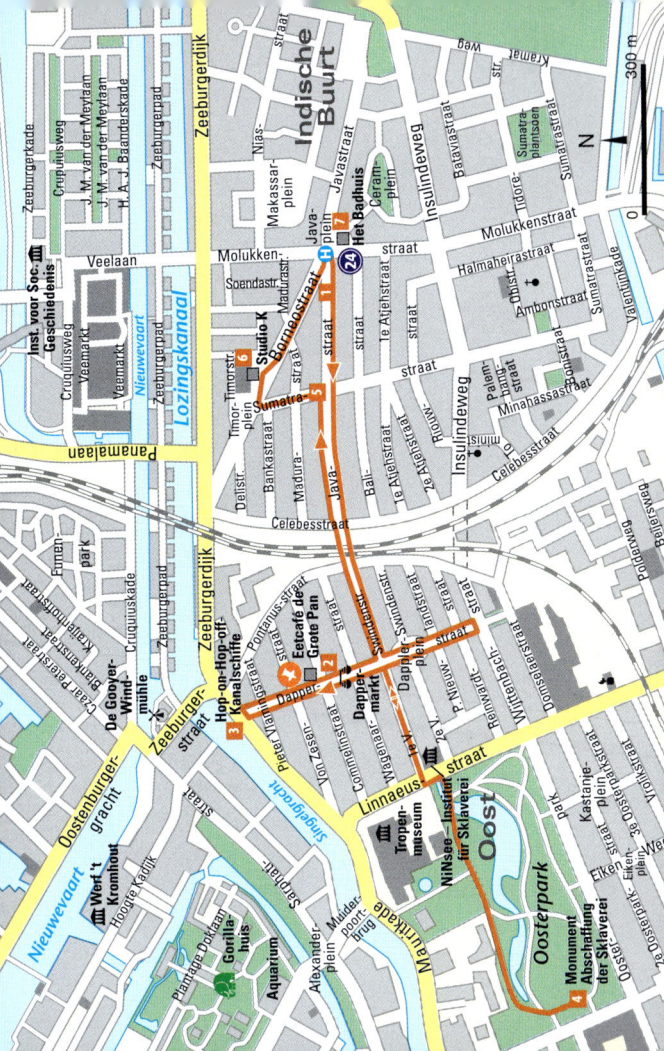

Von Heineken zum Sarphatipark

Marie Heineken Plein › Heineken Experience › Stadhouderskade › Albert Cuypstraat › Albert Cuypmarkt › Sarphatipark

Start:	Ⓗ **Stadhouderskade (Straßenbahnen 16, 24)**
Ziel:	Ⓗ **Tweede v. d. Helststraat (Straßenbahn 3)**
Wann:	**Brauereibesichtigung auch bei Regen, Park möglichst bei schönem Wetter**
Distanz:	**1,8 km**

Wer kennt Heineken nicht? Auf diesem Spaziergang erfährt man alles über das berühmte Bier. Danach kann man nach Herzenslust auf dem bekanntesten Flohmarkt der Stadt stöbern und sich anschließend im Sarphatipark entspannen.

Heineken Experience

Im Rund des **Marie Heineken Plein** **1** gibt es einige Cafés und Restaurants mit sonnigen Terrassenplätzen. Früher gehörte der Platz zur Heineken-Brauerei, doch nachdem 1988 ein Großteil der Brauerei zerstört wurde, begann man einige Jahre später mit der Neugestaltung des Areals. Um den Namen des neuen Platzes gab es lange Streit, anfangs sollte er nach Nelson Mandela benannt werden, doch dem stand die Regel entgegen, dass Plätze und Straßen nicht Namen lebender Personen oder Firmen tragen sollten. Damit schied auch der Name Heineken Plein aus. Als elegante Lösung bot sich schließlich die

Malerin Marie Heineken (1844–1930) an, eine Nichte des Brauereigründers Gerard Adriaan Heineken.

1867 hat dieser das erste Bier in Amsterdam gebraut, bis 1988 blieb es das Stammhaus des Unternehmens, dann zog die Brauerei an den Stadtrand um. Heute ist Heineken weltweit die drittgrößte Brauerei und in 170 Ländern vertreten. In den Niederlanden hat Heineken einen Marktanteil von mehr als 50 Prozent. In der stillgelegten historischen Brauerei wurde 1991 ein konventionelles Besucherzentrum eingerichtet, das zehn Jahre später in **Heineken Experience** **2** umbenannt wurde und mittlerweile zu den beliebtesten Sehenswürdigkeiten von Amsterdam zählt (Mo–Do 11–19.30, Fr–So bis 20.30 Uhr). Mit 18 € ist der Eintritt nicht gerade günstig, man erfährt etwas über die Geschichte der Brauerei, die Inhaltsstoffe des Bieres, und wie man einen guten Gerstensaft braut. So weit, so gut, den großen Rest des rund 90-minütigen Rundgangs kann man getrost als – immerhin gut gemachte, bunte und oft interaktive – Werbeveranstaltung für Heineken bezeichnen. Damit jeder Bierfreund zufrieden nach Hause geht, sind im Eintrittspreis noch zwei Gratis-Biere und ein kleines Geschenk enthalten. Wer möchte, kann auch noch seine eigene Bierflasche designen.

Der Spaziergang führt nun weiter durch den Stadtteil **De Pijp,** der sich zu einem trendigen, internationalen Pflaster entwickelt hat, in dem neben Migranten auch Studenten, Künstler und Schriftsteller zu Hause sind. Der Name De Pijp geht entweder auf die langen, schmalen Wasserwege, die *pijpen* zurück, die es hier früher gab; oder aber er bezieht sich auf die langen, schma-

Albert Cuypmarkt

len Straßen, die wie dünne Röhren, *pijpen,* aussehen. Eine der größten Touristenattraktionen und das Herz des Viertels ist der

Bazar Amsterdam

Albert Cuypmarkt 3 ⚑, der sich an der gesamten gleichnamigen Straße entlang zieht (Mo–Sa 9–17 Uhr). Ursprünglich ein Flohmarkt, kann man hier mittlerweile fast alles erwerben, darunter auch Billigtextilien, Käse, Tulpen, Haarteile, bunte Stoffe, Pantoffeln mit gerollter Spitze und Federboas. Für das leibliche Wohl wird mit Fritten, Poffertjes und Pannenkoeken gesorgt. Wer orientalisch speisen möchte, geht ins **Bazar Amsterdam** (s. Restaurants, S. 135). Am Ende der Fußgängerzone werben weitere Restaurants mit überwiegend asiatischer Küche um hungrige Kunden.

Miss Korea Barbecue (Nr. 66–70, Di–So 17–23 Uhr, €€) eignet sich besonders für den großen Hunger, denn hier gilt das Motto: All you can eat! Frisches Sushi serviert, nur wenige Schritte entfernt, die **Ikura Sushi Bar** (Nr. 65, Do–Di 12–21.30, So ab 14 Uhr, €–€€).

Nachdem man sich durch den Trubel des Albert Cuypmarkts gekämpft hat, bietet sich am Ende der Tour der **Sarphatipark** 4 für eine Verschnaufpause an. Der Stadtpark im englischen Stil ist mit seinen Teichen eine kleine Oase der Ruhe. Benannt ist er nach dem jüdischen Arzt und Städtebauer Samuel Sarphati.

MAL PAUSE MACHEN

In der **Scandinavian Embassy** einen Kaffee und ein Stück Kuchen bestellen und sich langsam von der Tour erholen – wie angenehm!
• Sarphatipark 34, Mo–Fr 7.30–19, Sa/So 9–18 Uhr

Tour im Anschluss: 17

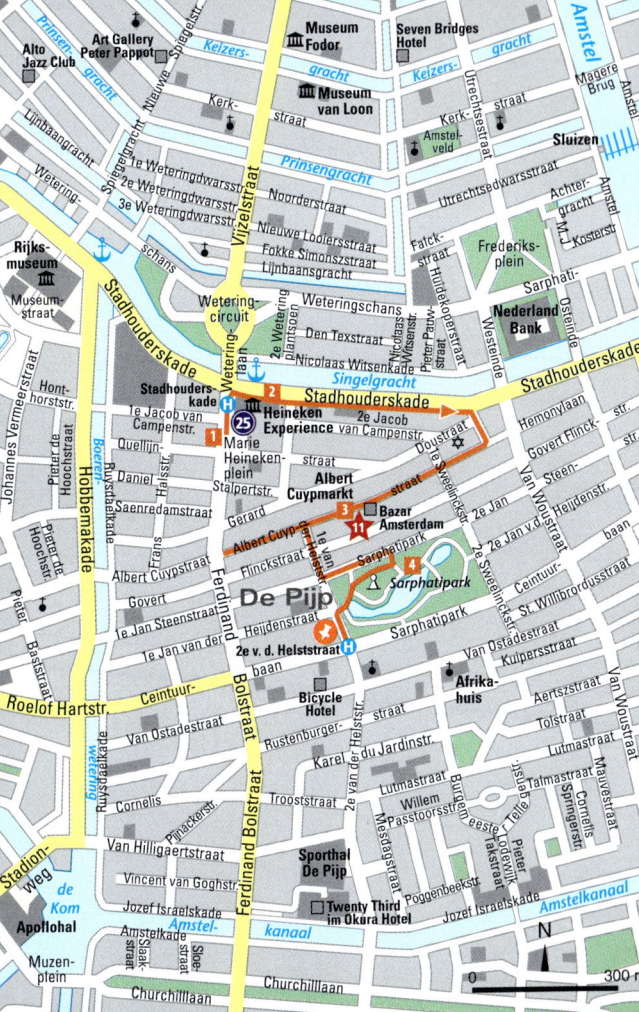

Anne Franks Wohnung und City-Strand

**Merwedeplein 37, Het andere Huis van Anne Frank ›
Biesboschstraat › Geulstraat › Wielingenstraat › Beatrixpark ›
Strand Zuid**

Start:	Ⓗ **Waalstraat/Churchilllan (Straßenbahn 12)**
Ziel:	Ⓗ **Prinses Irene-/Beethovenstraat (Straßenbahn 5)**
Wann:	**tagsüber, Strand Zuid an sonnigen Tagen**
Distanz:	**2,8 km**

Das Versteck der jüdischen Familie Frank ist ein Touristenmagnet. Die Straßen, in denen Anne Frank wohnte, spielte und eine unbeschwerte Kindheit genoss, sind nur Wenigen bekannt. Dabei kann man Anne auch am Merwedeplein »besuchen« – und anschließend an einem Strand mitten in der Stadt entspannen.

Wohnungen im historischen Grachtengürtel können sich nur die wenigsten Amsterdamer leisten. Die meisten Bewohner der niederländischen Hauptstadt leben in ganz gewöhnlichen Straßen – ohne Bilderbuchkulisse und Wasserblick. Auch die Familie des jüdischen Geschäftsmanns Otto Frank, die nach Hitlers Machtergreifung ihr Zuhause in Frankfurt am Main verließ und in die Niederlande auswanderte, mietete eine Wohnung in einer völlig unspektakulären Wohngegend Amsterdams. Die Franks zogen in einen gelb geklinkerten Neubau am **Merwedeplein Nr. 37** **1** (Het andere Huis van Anne Frank) in eine Wohnung mit Balkon in der zweiten Etage – von wo aus man auf die kleine Grünfläche schauen kann, auf der heute eine schmächtige **Bronzefigur** **2** an das traurige Schicksal des Mädchens erinnert. Vor dem Eingang erinnern jetzt vier Stolpersteine an die durch das Tagebuch der Tochter bekannt gewordene jüdische Familie Frank.

Auf dem Platz und in den umliegenden Straßen traf sich die 1929 in Deutschland geborene Anne mit den holländischen Spielgefährten. Es gibt Fotos, die Anne Frank in dieser Nachbarschaft zeigen, Fotos, die in unbeschwerten Tagen hier in Amsterdam Zuid entstanden sind und die im Archiv der Anne-Frank-Stiftung aufbewahrt werden.

Bronzefigur: Anne Frank

Nach dem Einmarsch der deutschen Truppen in die Niederlande zog Familie Frank bei Nacht und Nebel um – in eine Wohnung im Hinterhaus des Bürogebäudes an der schmucken Prinsengracht, wo Otto Frank bis dato gearbeitet hatte. Zwei Jahre hielten sich die Franks und einige Freunde dort versteckt. Dann wurden sie verraten, in Konzentrationslager abtransportiert, Tochter Anne nach Bergen-Belsen, wo sie mit 15 Jahren kurz vor Kriegsende starb.

Während das rekonstruierte Versteck an der Prinsengracht seit den 1960er-Jahren als Museum zugänglich ist, geriet die Wohnung der Franks am Merwedeplein erst 2004 wieder ins Visier der Öffentlichkeit. Damals sollte die Wohnung, die seit dem Untertauchen der jüdischen Familie als normale Mietwohnung gedient hatte, als Eigentumswohnung verkauft werden. Ein Fernsehsender berichtete erstmals über die besonderen Vormieter vom Merwedeplein 37. Daraufhin wurde eine Immobilienfirma aktiv, kaufte die Wohnung und widmete sie einem neuen Zweck: Seit einigen Jahren dürfen hier, wo Anne Frank das Tagebuchschreiben begann, Exil-Schriftsteller eine Zeit lang wohnen und arbeiten. Zuvor allerdings wurde die Wohnung in den Zustand der 1930er-Jahre zurückverwandelt. Selbst verschiedene Einrichtungsstücke, darunter der Sekretär, an dem Anne gerne schrieb, wurden anhand der archivierten Familienfotos nachgebaut. Für Besucher wird die Wohnung nur sporadisch – meist nur einmal im Jahr für einen Tag – geöffnet.

Im Beatrixpark

Viel fürs Auge bietet der Weg zum Beatrixpark nicht. Nach etwa einer Viertelstunde Fußmarsch hat man **Amsterdam RAI,** das Messe- und Kongresscenter, auf der linken Seite hinter sich gelassen und taucht in die grüne Oase ein. Etwas Kunst ist im **Beatrixpark 3** zu entdecken – in Form von Armen mit geballten Fäusten, die sich aus einem Erdhügel gen Himmel recken. Die eigentliche Attraktion aber ist das Kultlokal **Strand Zuid 4** mit einer 2000 m² großen aufgeschütteten Sandfläche und Blick auf den Kanal. Hier tummelt sich »halb Amsterdam« an schönen Sommertagen. Von Mitte Oktober bis Mitte März verwandelt sich die Location in das Winterquartier **Zuidpool.**

MAL PAUSE MACHEN

Am **Strand Zuid** gibt es gut gepolsterte Sonnenliegen – ein perfekter Ort zum »Abhängen«.
• Europaplein 22, www.strand-zuid.nl, Mitte März–Mitte Okt.

Essen und Trinken in angenehmer Atmosphäre kann man aber auch, wenn man den Park Richtung Beethovenstraat verlässt. Am Parkrand liegt das **Restaurant AS,** das mit einer kleinen aber feinen Speisekarte und sonntags auch mit knuspriger Pizza aus dem Steinofen aufwartet. Gegessen wird an langen Tischen, rustikal und trotzdem ziemlich stylish (Prinses Irenestraat 19, warme Küche mittags Di–Fr und So 12–14.30, abends tgl. 18.30–22.30 Uhr, €€).

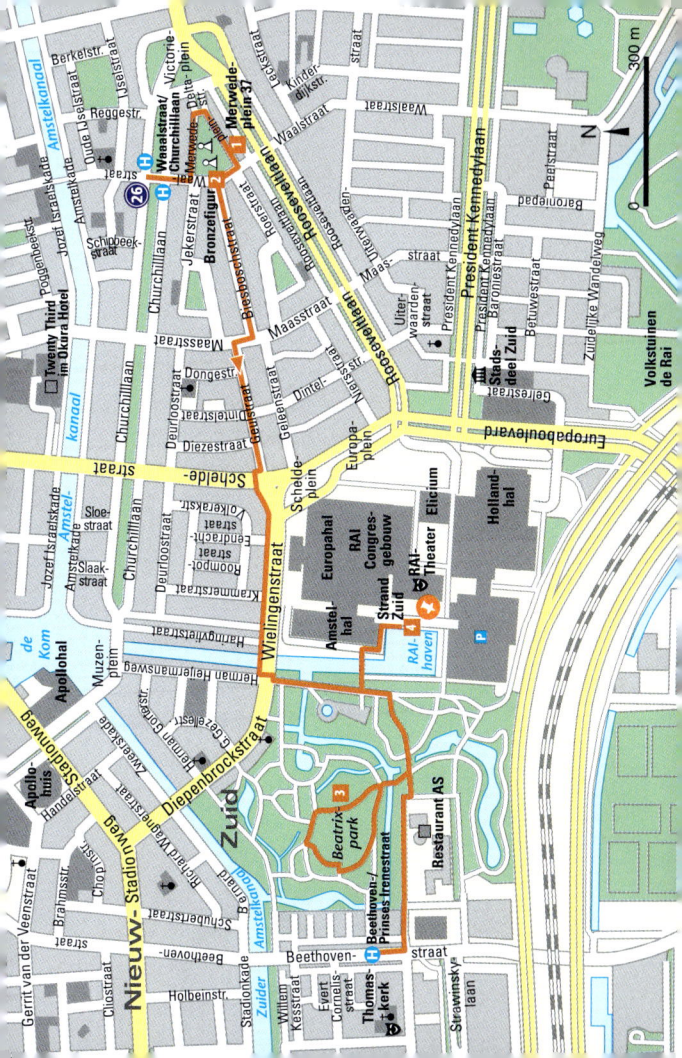

Tour 27 — Amstelpark

Grünes Freizeitparadies im Südosten der Stadt

Amsteltrein › Doolhof › Rosarium › Orangerie › Rietveldhuis › Koniferengarten › Glazen Huis › Heemtuin › Rhododendrongarten › Riekermolen › Belgischer Klostergarten › Streichelzoo

Start:	Ⓗ Europaboulevard (Busse 62, 754)
Ziel:	Ⓗ Europaboulevard (Busse 62, 754)
Wann:	bei schönem Wetter
Distanz:	4 km

In dem weitläufigen Park, der 1972 für die Garten- und Landbauausstellung Floriade angelegt wurde, kann man ohne Probleme – auch mit Kindern – einen ganzen Tag verbringen.

Rosarium

Der **Amstelpark** südlich des Zentrums, am Ufer des gleichnamigen Flusses, zieht jedes Jahr rund eine Million Besucher an, die nicht nur wegen der gepflegten Grünanlage, sondern auch wegen der Aktivitäten, Restaurants und Kinderspielplätze kommen. Angelegt wurde der Park zur Garten- und Landbauausstellung Floriade im Jahr 1972. Von April bis Oktober sowie im Dezember findet an jedem zweiten Sonntag im Monat der **Pure Markt** statt. Mehr als 80 Marktstände bieten Lebensmittel aus ökologischer Landwirtschaft, Kunsthandwerk, Kosmetik, Möbel und Spielzeug an. Wenn der Pure Markt nicht im Amstelpark Station Station macht, wird er im Park Frankendael oder im Beatrixpark abgehalten (www.puremarkt.nl).

Einen Rundgang durch den Amstelpark beginnt man am besten am **Haupteingang am Europaboulevard**. Nur wenige Schritte vom Eingang entfernt kann man in den **Amsteltrein** **1** – einen Minizug – einsteigen und sich ein Stück durch den Park fahren lassen. Die Fahrt dauert etwa 15 Minuten und führt unter anderem am Rosarium, dem Gläsernen Haus und dem Minigolfplatz vorbei (im Sommer tgl. 10–18 Uhr).

Der **Doolhof** **2** liegt auf einer Insel und ist ein Labyrinth aus schmalen Gängen zwischen 2 m hohen Taxushecken. Wer sich nicht verläuft, findet nach gut 300 m den Ausgang.

Im **Rosarium** **3** blühen im Sommer 160 verschiedene Rosensorten und verströmen einen herrlichen Duft. Nur ein paar Schritte entfernt befindet sich das elegante **Parkrestaurant Rosarium** mit Weinbar und Parkterrasse inklusive Blick auf den idyllischen Rosengarten (€€). Die **Minigolfanlage** bietet zwei Parcours und ist in kleine Gärten eingebettet (Juli, Aug. tgl. 10 bis 18 Uhr, sonst kürzer).

Von Ende Oktober bis ungefähr Mitte Mai dient die **Orangerie** **4** als Winterquartier für tropische, subtropische und mediterrane Pflanzen, im Sommer dürfen die Pflanzen ins Freie, dann wird die Orangerie für Ausstellungen genutzt. Das **Rietveldhuis** **5** wurde im Stil des Architekten und Designers Gerrit Rietveld (1888–1964) gebaut. Bekannt geworden ist er vor allem durch das sogenannte Rietveld-Schröder-Haus in Utrecht und seinen Rot-Blauen Stuhl. Am Haus gut zu sehen ist, dass Rietveld ein Verfechter der strengen Geometrie war und die Primärfarben Gelb, Rot und Blau bevorzugte.

Im **Koniferengarten** **6** kann man vor allem Eibe und Wacholder sehen. Da die Pflanzen das ganze Jahr über grün sind, lohnt auch im Winter ein Besuch. Das **Glazen Huis** **7** (Glashaus) wird für Ausstellungen genutzt, zu sehen sind unter anderem Skulpturen und Videokunst, die Öffnungszeiten richten sich nach der jeweiligen Ausstellung (www.amstelpark.info). Nur wenige Schritte vom Glashaus entfernt kann man den Park über die Rote Brücke verlassen und gelangt so zum Europaboulevard.

Im **Heemtuin** 8 finden vor allem gefährdete Arten ein Refugium. Im Frühjahr und Frühsommer blühen Buschwindröschen und das Geißblatt, im Torf sind fleischfressender Sonnentau und wilde Orchideen zu finden. Auch Bussard, Waldkauz und Hermelin sind in diesem Gartenbereich zu Hause. Von April bis Juni verwandeln die leuchtenden Blüten in allen Schattierungen von Rosa, Blauviolett, Weiß und Gelb den **Rhododendrongarten** in ein Farbwunder. Am Südende des Parks steht die **Riekermolen** 9, eine ursprünglich 1636 erbaute Windmühle, die 1956 abgerissen und 1961 originalgetreu wieder aufgebaut wurde. Neben der Mühle gibt es ein Denkmal von Rembrandt van Rijn. Bald darauf kommt man zum **Land-in-wording**, einem naturbelassenen Areal, das für die Floriade von 1972 nicht verändert wurde und seither urwaldartig wuchern darf. Pilze und sogar Orchideen gedeihen hier ganz ausgezeichnet.

⭐ **MAL PAUSE MACHEN**

Japanische Gärten strahlen meditative Ruhe aus. Mitten im Amstelpark gibt es auch eine fernöstliche Oase und **schöne Plätze am großen Teich,** ideal, um sich lang auszustrecken.

Es folgt der **Belgische Klostergarten** 10 – zum Ende des Spaziergangs kommt auch der Nachwuchs im **Streichelzoo** 11 und auf dem **Spielplatz** auf seine Kosten.

Tour im Anschluss: 26

NSDM Werf

Neues Trendviertel auf der anderen Seite des IJ

NDSM Werf › Pollux › IJ-Kantine › Werfstraat ›
Loetje aan't IJ › Pllek › **NDSM Plein** › Noorderlicht

Start:	Ⓗ Centraal Station (Metro, Busse, Straßenbahnen 1, 2, 4, 5, 9, 13, 16, 17, 24, 26, Fähre zu Veer NDSM Werf) bzw. Ⓗ Anleger Veer NDSM Werf
Ziel:	Ⓗ Anleger Veer NDSM Werf bzw. Centraal Station
Wann:	am besten an einem sonnigen Sommertag
Distanz:	2 km

Der Spaziergang führt durch den aufsteigenden Stadtteil Amsterdams. In Noord lebten früher Arbeitslose und soziale Absteiger, hier lagen Hafen und Industrieanlagen. Jetzt halten Künstler und Studenten Einzug. Das Gelände der ehemaligen NDSM Werf mausert sich gerade zum trendigen Kneipen- und Kulturzentrum.

U-Boot

Hinter dem Bahnhof besteigt man die kostenlosen und rund um die Uhr verkehrenden Fähren zur ehemaligen **NDSM Werf 1** (Nederlandsche Dok en Scheepsbouw Maatschappij). Schon wenn das Boot sich der Anlegestelle nähert, spürt man etwas von der Aufbruchstimmung im Stadtteil Noord. Ein altes, 1957 erbautes russisches U-Boot liegt neben dem Pier und ist heute »Leinwand« für kreative Künstler. Hinter dem Anleger sieht man bunt bemalte und übereinander gestapelte Container – ein Studentenwohnheim. Vom Anleger wendet man sich auf dem Mt. Ondinaweg zunächst nach links und passiert den Dreimastsegler **Pollux** **2**. Der ist heute Schiffsrestaurant mit Sommerbetrieb. Wirklich segeln konnte der Dreimaster von Anfang an nicht, er wurde als Schulschiff gebaut, auf dem Kadetten im Hafen ihre erste Ausbildung absolvierten. Die Aufbauten entsprechen deshalb denen eines seetüchtigen Seglers, der Tiefgang beträgt aber nur 60 cm. Wollte man mit der Pollux wirklich auf große Fahrt gehen, wäre das ein Himmelfahrtskommando. Schon beim leichtesten Wind würde das Schiff kentern.

Am gleichen Pier ein paar Meter weiter kann man im Hotelschiff **Botel** für Amsterdamer Verhältnisse günstig übernachten (DZ je nach Saison und Nachfrage ab 65 €, www.amstelbotel.nl).

Zurück am Mt. Ondinaweg erreicht man die **IJ-Kantine** **3** (sprich: Ei-Kantine, Nr. 15, www.ijkantine.nl, ab 9 Uhr Frühstück, €€), ein stimmungsvolles Restaurant mit ausgezeichneter Küche. Noch besser als das Essen ist die Aussicht von der Terrasse, auf der man von März bis Oktober in der Sonne sitzend auf den Stadtfluss schauen kann. Ursprünglich errichtet wurde das Gebäude

IJ-Kantine

Ende der 1950er-Jahre als Bürokomplex, Montagehalle und Kantine der NDSM Werf, in den 1980-Jahren ging die Werft jedoch pleite. Der neugegründete Verband arbeitsloser Schiffsbauer nahm das Gebäude in Beschlag und stellte Handwerkern und Künstlern Räume zur Verfügung. Die Renovierung zu Beginn des 21. Jhs. bezahlte die Gemeinde Noord – mit der Auflage, dass es hier fortan auch wieder Gastronomie geben sollte. Wenn man in der IJ-Kantine keinen Platz findet, bietet sich ein paar Meter weiter das **Loetje aan 't IJ** **4** als gleichwertiger Ausgleich an (s. Restaurants, S. 137). In dem architektonisch interessanten Neubau sitzt man im Winter hinter großen Glasflächen drinnen und an

Auf dem **ehema-
ligen Werftgelände**
kann man sich am Sand-
strand aalen. Also:
Decke nicht vergessen.
• Am Restaurant Pllek,
TT Neveritaweg 59,
Zugang ist kostenlos

warmen Sommertagen auf einer großen Terrasse draußen.

Zurück beim Schiffsanleger geht der Spaziergang nun in entgegengesetzter Richtung
weiter. Nach etwas mehr als hundert Metern
sieht man dann schon, am Ende eines großen Parkplatzes, eine Reihe von jeweils zwei
übereinandergestapelten Containern. Das Ganze wirkt zunächst
eher abschreckend. Wenn man aber um die Container herum
geht und sich hinein begibt, findet man sich plötzlich in einem
behaglichen Gastraum: Das **Pllek 5** ❤ **6** ist eine gelungene Mischung aus Bar und Restaurant (s. Restaurants, S. 138). Regelmäßig finden auch Livekonzerte statt, und im Sommer trinkt
man sein Bier an einem »richtigen Strand« am Flussufer. Auf ein
Bad im IJ sollte man allerdings verzichten – die Wasserqualität
lädt nicht unbedingt zum Schwimmen ein.

Der Klassiker auf dem Gelände der ehemaligen Werft ist das
Noorderlicht 6, eine Studentenkneipe, die in einer Art gläser-
nem Gewächshaus untergebracht ist (s. Restaurants, S. 138).
Auch sie liegt direkt am Wasser, und so hat man rund ums Jahr
eine hervorragende Aussicht. Das Noorderlicht liegt ein paar
Hundert Meter vom Pllek entfernt. Da die Wegführung auf dem
ehemaligen Werftgelände noch etwas chaotisch ist, geht man
am besten querfeldein und folgt als Wegmarker einer »besetz-
ten Straßenbahn« und einem Kran, der jetzt
Kunstobjekt ist. Zum Schiffslager geht man
den gleichen Weg, den man gekommen ist,
wieder zurück.

Noorderlicht

Tour im Anschluss: 29

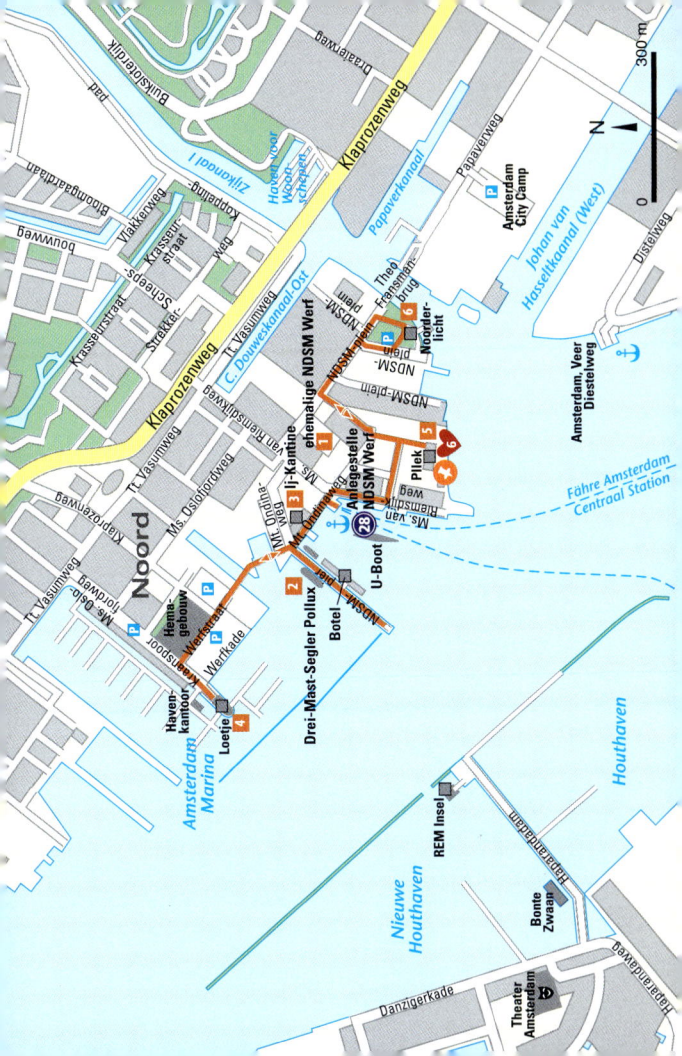

Rund um das Filmmuseum EYE

Buiksloterweg › Twenty4 Amsterdam › Filmmuseum EYE › Tolhuistuin › Café Wilhelmina Dok/Noordwal › Fähranleger IJplein

Start:	Ⓗ **Anleger am Buiksloterweg (mit der IJ-Fähre – Abfahrt Hauptbahnhof)**
Ziel:	Ⓗ **Anleger am IJplein (mit der IJ-Fähre)**
Wann:	**am besten bei gutem Wetter, Besichtigung EYE auch bei Regen**
Distanz:	**1,8 km**

Bis vor kurzen lag der Stadtteil Noord noch abseits aller Touristenrouten. Und auch die Amsterdamer selbst kamen nur selten in den Stadtteil jenseits des IJ. Das hat sich geändert, die Gegend um das Filmmuseum ist mit seinen vielen Cafés vor allem an sonnigen Sommertagen das ideale Ziel für einen Ausflug.

Rad- und Personenfähre

Mit der kostenlosen Rad- und Personenfähre über den Stadfluss IJ kommt man vom Bahnhof aus in knapp zehn Minuten hinüber in den Stadtteil Noord zur **Anlegestelle Buiksloterweg 1**. Gleich am Anleger liegt das gemütliche **Café Restaurant de Pont** mit herrlicher Sicht direkt aufs Wasser (€–€€). Auf der Speisekarte findet man Kuchen, Sandwiches, Salate, Tarten und leckere Snacks für den kleinen Hunger, auf der Abendkarte stehen auch Fischgerichte. Für die Zutaten werden Bioprodukte verwendet.

Wer jetzt noch keine Pause einlegen möchte, wendet sich nach links und passiert das ehemalige **Shell-Hochhaus**. Nach einer großangelegten Sanierung hat es vor kurzem unter dem Namen **Twenty4 Amsterdam** **2** wiedereröffnet – u. a. mit einer coolen Panoramabar und einem Dancefloor in 70 m Höhe. Gruselig war der Ort, an dem die Hochhaus-Ikone steht, im Mittelalter. Damals stand hier nämlich der Galgen von Amsterdam.

EYE Filmmuseum

Schon von Weitem erkennt man den kühn geschwungenen Neubau des **EYE Filmmuseums** **3** ⭐, der einem so vorkommt, als wäre ein UFO am Ufer des IJ gelandet. Man beachte das Wortspiel: Sowohl das Museum als auch der Fluss, an dem es liegt, werden »Ei« ausgesprochen. Die Sammlung des Museums umfasst über 40 000 Filme aller Epochen – von den ersten Stummfilmen bis zu den neusten digitalen Produktionen. Ein Fokus ist dabei auch die niederländische Filmkultur. Selbstverständlich werden in den vier Kinosälen des EYE regelmäßig Filme gezeigt. Außerdem bietet das Museum vier große Wechselausstellungen jedes Jahr an, sowie zahlreiche Veranstaltungen rund um das Thema Film und audiovisuelle Medien (www.eyefilm.nl, So–Do 10–22, Fr/Sa 10–23 Uhr).

EYE-Bar-Restaurant

Sehr lohnend ist der Besuch des Museumsrestaurants **EYE-Bar-Restaurant** – dort bereitet man nicht nur ausgezeichnete Speisen zu, hinter der riesigen Fensterfront genießt der Gast einen wunderbaren Blick auf den IJ und die Amsterdamer Innenstadt. Das Restaurant ist auch außerhalb der Museumszeiten geöffnet (tgl. 10–1 Uhr, Fr/Sa bis 2 Uhr, €€).

Wieder zurück am Schiffsanleger folgt man dem Buiksloterweg am Noordhollandsch Kanaal landeinwärts – der Kanal beginnt hier an der Willem I.-Schleuse und endet 75 km später in Den Helder. Dabei lässt man links den **Tolhuistuin** , wörtlich übersetzt: den Garten des Irrenhauses, liegen (tolhuistuin.nl). Das ehemalige Gelände des Shell-Konzerns ist heute ein riesiges Kulturzentrum mit Restaurants, Cafés und mit vielfältigem Unterhaltungsangebot. Auch ein Ableger der berühmten Konzerthalle **Paradiso** hat hier eröffnet (s. Nightlife, S. 148). Am Wasser entlang geht man weiter zur Willem-I.-Schleuse am Kanal, die man als Fußgänger problemlos überqueren kann. Durch ein ziemlich unattraktives Wohnviertel, dessen einziges Highlight die bunten Graffitis an den Wänden sind, kommt man am Noordwal 1 zum Restaurant **Il Pecorino Wilhelmina Dok** (s. Restaurants, S. 137). Man schaut auf das direkt gegenüberliegende Muziekgebouw und hat die vielen vorbeifahrenden Schiffe bestens im Blick. Im Sommer legen gegenüber dem Restaurant die großen Kreuzfahrtschiffe an.

Zum **Anleger am IJplein** 5, wo die Fähren zum Hauptbahnhof ablegen, sind es nur wenige Schritte. Achtung: Sie verkehren nur bis kurz vor Mitternacht, wer hier abends zu lange sitzt und die letzte Fähre verpasst, muss den ganzen Weg zum Ausgangspunkt dieses Spaziergangs zurückkehren. Vom Buiksloterweg verkehren die Fähren der Linie 907 rund um die Uhr Richtung Centraal Station, zwischen 0 und 6 Uhr im 12-Minutentakt, sonst öfter.

Tolhuistuin

MAL PAUSE MACHEN

Planen Sie einen Sundowner im **Il Pecorino Wilhelmina Dok** ein! Hier ist der perfekte Ort, um den Sonnenuntergang oder später die Lichter des nächtlichen Amsterdams zu erleben.
• Di–Fr 17–23, Sa/So 15–23 Uhr

Zwei Bilderbuchdörfer am Rande Amsterdams

Buiksloterdijk › Leeuwarderweg › Nieuwendammerdijk › Kleinste Kirche Amsterdams › St. Augustinerkerk › 't Sluisje › Nieuwendammer Kade › W. H. Vliegenbos Park › Merelstraat

Start:	Ⓗ Buiksloot, Pinksterbloemstraat (Busse 34, 35)
Ziel:	Ⓗ Merelstraat (Busse 32, 33, 38, 761)
Wann:	am besten im Sommer bei gutem Wetter
Distanz:	4,2 km

Der Spaziergang führt durch die idyllischen Dörfer Buiksloot und Nieuwendam im Stadtteil Noord. Sie wurden einst entlang eines Deiches gegründet, der den Stadtfluss IJ eindämmte. Die Tour zeigt ein anderes Amsterdam jenseits allen Großstadttrubels.

Wohnboote Buiksloterdijk

Buiksloot, das heute knapp 2000 Einwohner zählt, wurde im 15. Jh. gegründet. Damals lebten hier vor allem Landarbeiter, die das Moor trockenlegten. Am **Buiksloterdijk 1** spaziert man auf einem Damm an alten bunten Holzhäusern entlang. Vor und hinter den Häusern verlaufen schmale Bäche, das macht sie zu besonders attraktiven Fotomotiven. Ein paar Schritte abseits liegt am Buiksloterkerkpad 10 die hübsche **Buiksloterkerk** von 1609. In der Kirche gibt es eine sehr schöne Kanzel aus dem Jahr 1650 und eine Doppelorgel aus dem Jahr 1858. Hier finden regelmäßig Konzerte und Theatervorstellungen statt.

Der Buiksloterdijk endet an einer Brücke, die über die Stadtautobahn S 116 in den Nachbarort Nieuwendam führt. Über den Leeuwarderweg und den **Nieuwendammerdijk**  gelangt man ins Zentrum des Ortes. Auch hier reihen sich alte Häuser wie an einer Perlenschnur. Allerdings sind es hier nicht nur bescheidene Häuschen wie im Nachbarort, denn in Nieuwendam wohnten

Am Nieuwendammerdijk

früher auch viele Schiffskapitäne. Deren Häuser waren natürlich aus Stein gebaut und mit eindrucksvollen Ziergiebeln geschmückt. Dass sich viele von ihnen nach vorne neigen, bedeutet nicht, dass sie altersschwach wären oder im Laufe der Jahre abgesackt sind. Schräge Außenwände wurden bewusst gebaut und sorgten dafür, dass man Lasten ins oberste Stockwerk ziehen konnte, ohne dass sie gegen die Hauswand schlugen.

Vor dem Zweiten Weltkrieg galt Nieuwendam als eines der schönsten Dörfer Europas. Seinen Charme hat es bis heute nicht verloren, auch wenn der Ort inzwischen von der Stadt »verschluckt« wurde. In Nieuwendam lässt es sich noch immer gut Urlaub von der Großstadt sozusagen »mitten in der Großstadt« machen.

Kleinste Kirche

Ein paar Meter abseits des Wegs, im Meerpad 9, liegt **Amsterdams kleinste Kirche**  – einst ein Mennonitenkirchlein, errichtet anno 1843. Die große Dorfkirche, die **St. Augustinerkerk** , wurde 1889 erbaut. Man erreicht sie, indem man einfach der Straße weiter folgt, am Nieuwendammerdijk 225.

MAL PAUSE MACHEN

Ein beschauliches Plätzchen ist die alte Schleuse. Machen Sie ein Stündchen »Urlaub« von der Stadt im **Schleusen-Café**.

• www.cafehetsluisje.nl, Di–So ab 12 Uhr, mind. bis 24 Uhr, meist länger

Die alte Schleuse **'t Sluisje** 5 von 1516 und nebenan das **Café 't Sluisje** – erbaut im 18. Jh. und seit 1904 ein Café – sind im Sommer beliebte Ausflugsziele für die Amsterdamer. Im Sommer verkehrt zweimal am Tag ein Schiff zum Hauptbahnhof.

Auf dem Rückweg geht man den Nieuwendammerdijk so lange zurück, bis man auf der linken Seite die Nieuwendammerkade erreicht. Ihr folgt man etwa 50 m in den **W. H. Vliegenbos Park** 6 hinein. Vliegenbos ist der älteste Stadtforst Amsterdams. Alle Bäume wurden zwischen 1912 und 1918 auf Initiative des sozialdemokratischen Politikers William Hubert Vliegen gepflanzt, um für die Arbeiter ein natürliches Naherholungsgebiet zu schaffen. Außerdem wollte man auch die Amsterdamer in diesen stadtnahen Naturpark auf dieser Seite des IJ locken. Noord sollte auch als Wohnquartier interessant werden. Doch damals zeigte der Plan des Herrn Vliegen noch nicht die gewünschte Wirkung – das Industriegebiet, das zudem nur mit der Fähre vom Stadtzentrum aus zu erreichen war, lockte die Städter kaum an. Fast 100 Jahre hat es gebraucht, bis die Ideen von William Hubert Vliegen Wirklichkeit wurden. Nachdem die Werften und Industriebetriebe schließen mussten, entwickelt sich Noord jetzt zunehmend zu einem Stadtteil der Kreativen. Noch sind die Wohnungen billig auf der »falschen Seite«.

Das Waldgebiet von Vliegenbos bietet sich auch für einen Spaziergang an. Wer die Tour aber an dieser Stelle beenden möchte, der nimmt am Forsteingang den ersten nach rechts abgehenden Wanderweg und folgt ihm bis zum Ende der Parks. Dort trifft man direkt auf die Bushaltestelle an der Merelstraat.

Trendiges Interieur

Im Zentrum findet man viele Hotels in sanierten historischen Gebäuden, moderne Kettenhotels liegen eher abseits vom Zentrum. In Altbauten sind kleine Zimmer und steile Treppen die Regel. Frühzeitige Buchung ist jederzeit empfehlenswert, im Sommer unbedingt notwendig. Frühstück ist nur selten im Preis enthalten. Wer mit dem eigenen Auto anreist, kann nicht damit rechnen, dass es einen hoteleigenen Parkplatz gibt. Eine originelle Unterkunftsart sind Hausboote (www. houseboathotel.nl).

Alp Hotel

De Clerqstraat 52, Tel. 020 612 12 10, www.alphotel.nl, €–€€ Das familiengeführte Hotel hat 16 komfortabel eingerichtete Zimmer, teils mit Jacuzzi und Gartenblick, Frühstück ist im Preis inbegriffen. Die Lage am Rand des Szeneviertels Jordaan und die Verkehrsanbindung sind ausgezeichnet.

American Hotel (Tour 7, Seite 34)

Leidsekade 97, Tel. 020 556 30 00,

www.amsterdamamericanhotel.com, €€–€€€

Das 1902 eröffnete, denkmalgeschützte Haus am Leidseplein gehört zu den schönsten Jugendstilbauten Amsterdams. Die Zimmer und Suiten sind durchgestylt und behaglich, mit Wi-Fi ausgestattet. Im Haus gibt es Sauna und Fitnessraum.

Bicycle Hotel

Van Ostadestraat 123, Tel. 020 679 34 52,

www.bicyclehotel.com, €

Das kleine Hotel liegt im quirligen Ausgehviertel De Pijp, es bietet einfach ausgestattete Einzel-, Doppel- und Mehrbettzimmer mit Internetzugang – und Mietfahrräder plus Stellplätze für alle, die ein eigenes Bike mitgebracht haben.

Bilderberg Hotel Jan Luyken

Jan Luykenstraat 58, Tel. 020 573 07 30,

www.bilderberg.nl/de/amsterdam/hotel-jan-luyken, €€

In der Nähe der großen Museen und der Shoppingmeile P.C. Hooftstraat residiert man hier in feiner und ruhiger Lage. Das Hotel ist in einem eleganten Bürgerhaus aus dem 19. Jh. untergebracht und bietet 62 Zimmer mit komfortabler Business-Ausstattung an. Ein kleines Spa ist ebenfalls vorhanden.

Blue Wave Houseboat

Da Costakade 342, Tel. 65 066 77 60,
www.bluewavehouseboat.com, €–€€ (je nach Belegung)

Das Hausboot liegt am Rand der Innenstadt und bietet bis zu vier Personen Platz. Essen kann man am Esstisch oder draußen auf der Terrasse direkt am Wasser. Bei Ankunft ist der Kühlschrank gut gefüllt, Frühstück ist inklusive. Nur zubereiten muss man es selbst. Internetzugang; Mindestaufenthalt drei Nächte.

Faralda Crane Hotel

NDSM Plein 78, Tel. 020 760 61 61, faralda.com, €€€

Eines der ungewöhnlichsten Gästequartiere der Stadt: Auf dem trendigen NDSM-Werf-Gelände (nördlich der Centraal Station) kann man in luftiger Höhe, 30–50 m über dem Erdboden, und mit bester Aussicht in einer von drei luxuriösen Suiten logieren, die in einem ehemaligen Baukran eingerichtet wurden. In 15 m Höhe gibt es eine Panorama-Lounge. Die begeistert nicht nur Männer, deren Kindheitstraum es war, Kranführer zu werden.

Lloyd Hotel

Ostelijke Handelskade 34, Tel. 020 561 36 07,
www.lloydhotel.com, €–€€€

Das fast 100 Jahre alte Backsteingebäude wurde für Amerika-Auswanderer errichtet. Nach einer Komplettsanierung wurde es

als 1- bis 5-Sterne-Hotel eröffnet. Jedes Zimmer ist ein von niederländischen Designern gestaltetes Unikat. Die »Kulturbotschaft« im Haus organisiert Talks und Workshops und informiert über kulturelle Projekte in der Stadt.

Seven Bridges

Reguliersgracht 31,

Tel. 020 623 13 29,

www.sevenbridgeshotel.nl,

€–€€

Das Hotel in einem schmucken Grachtenhaus befindet sich in Top-Lage. Die Zimmer sind etwas für Nostalgiker, alle sind mit Antiquitäten – von Biedermeier bis Art déco – eingerichtet. Einen Frühstücksraum gibt es nicht. Der Zimmerservice kommt – sofern man die kleine Stärkung am Morgen für 10 € mitgebucht hat – mit dem Servierwagen vorbei.

Stayokay Amsterdam Vondelpark

Zandpad 5, Tel. 020 589 89 96,

www.stayokay.com/de/hostel/amsterdam-vondelpark, €

Eine der günstigsten Möglichkeiten, am zentral gelegenen Vondelpark zu wohnen. Das große und moderne Hostel bietet unterschiedlich große Schlafsäle, aber auch Zweibettzimmer mit Bad, außerdem ein Restaurant, ein Café, einen Fahrradverleih sowie Internetanschluss.

Hotel de Windketel (Tour 19, Seite 83)

Watertorenplein 8C, www.windketel.nl, €€

Der achteckige Backsteinturm (Baujahr 1897) steht auf dem autofreien Watertorenplein auf dem Gelände des ehemaligen Amsterdamer Wasserwerks. De Windketel ist kein Hotel, sondern ein originelles Apartment für zwei Personen, mit Designermöbeln eingerichtet und von einem winzigen Garten umgeben. Die knapp 50 m² Wohnfläche verteilen sich auf drei Stockwerke.

Amsterdam bietet ein breitgefächertes kulinarisches Spektrum – vom schlichten Eetcafé bis zum durchgestylten Szenelokal, von bodenständig-deftiger Küche bis zum raffinierten Gourmetmenü. Holländisches wie Matjes, Miesmuscheln, Rippchen oder Rindfleischeintöpfe sowie knusprige Fritten und Pannenkoeken (Pfannkuchen) sind ebenso typisch wie die indonesische Reistafel. Auf keinen Fall sollte man Amsterdam verlassen, ohne die niederländische Appeltaart gekostet zu haben – sie ist eine Klasse für sich.

Café und Bar Americain (Tour 10, Seite 47)
Leidsekade 97, Tel. 020 556 30 00, www.amsterdam americanhotel.com, Café 14–17, Bar 12–1 Uhr, €€– €€€
Antike Kronleuchter, kunstvolle Bleifenster und die Einrichtung im Art-déco-Stil machen das älteste Grand Café der Niederlande zu einer Attraktion. Bei schönem Wetter sitzt man auf der gro-ßen Terrasse. Viele berühmte Gäste haben hier schon gespeist.

Besonders schön: der klassische Fünf-Uhr-Tee oder der Jazz-Brunch am Sonntag, gemütlich sitzt man aber auch spätabends bei einem Cocktail an der Bar.

Bazar Amsterdam (Tour 25, Seite 108)

Albert Cuypstraat 182, Tel. 020 675 05 44, www.hotelbazar.nl, tgl. 10–0 Uhr, €

Ein Ausflug in den Orient – und das mitten in Amsterdam – auf dem Albert Cuypmarkt. Die ehemalige Synagoge ist innen reich mit Ornamenten geschmückt. Auf der Karte finden sich alle Klassiker der orientalischen Küche wie Falafel, Couscous oder Köfte. Ansehnlich angerichtet und serviert werden erfreulich große Portionen zu fairen Preisen. Oft ein wenig hektisch und laut, wer es lieber ruhiger mag, geht besser nach oben.

Café-Restaurant Amsterdam (Tour 19, Seite 84)

Watertorenplein 6, Tel. 020 682 26 66, www.caferestaurant amsterdam.nl, Mo–Fr 10.30–0, Sa, So bis 1 Uhr, €–€€

Bis 1996 diente das Gebäude als Pumpstation des örtlichen Wasserwerks. Mittlerweile ist das Industriedenkmal aus dem 19. Jh. ein beliebtes Restaurant. Der Gastraum ist hell und freundlich und enthält noch einige originale Einrichtungsgegenstände wie eine Pumpe und das Dieselaggregat. Die Speisekarte bietet eine Mischung aus holländischen und mediterranen Gerichten. Im Sommer kann man auch auf einer Terrasse am Wasser sitzen.

Anna (Tour 2, Seite 15)

Warmoesstraat 111/Oude Kerksplein, Tel. 020 428 11 11,
www.restaurantanna.nl, Mo–Sa ab 17 Uhr, €€– €€€

Das Anna liegt mitten im Rotlichtviertel, bietet aber, anders als man bei dieser Lage vermuten würde, exquisites Ambiente und eine ebensolche Küche. Man kann das Fünf-Gänge-Menü oder aber von der Karte bestellen. Bevorzugter Treffpunkt von Künstlern und Intellektuellen.

Café in der Orangerie (Tour 22, Seite 95)

Plantage Middenlaan 2A, Tel. 020 489 49 36,
www.dehortus.nl/bezoek/the-hortus-cafe, tgl. 10–17 Uhr, €

Die Orangerie im 1875 erbauten Botanischen Garten (Hortus Botanicus) diente anfänglich als Vortragssaal, später als Winterquartier für Pflanzen, heute ist sie ein lauschiges Café und im Sommer eins der schönsten Freiluftcafés der Stadt. Die Atmosphäre ist sehr angenehm und man blickt auf üppige exotische Flora. Die Speisekarte bietet leckere Kleinigkeiten mit Zutaten aus ökologischem Anbau.

Daalder (Tour 14, Seite 63)

Lindengracht 90, Tel. 020 624 88 64,
www.daalderamsterdam.nl, So–Fr 12–1, Sa 18–1 Uhr,
warme Küche 12–15 und 18–22 Uhr, €€– €€€

Im Szeneviertel Jordaan bietet das kleine Restaurant das Flair eines Edelbistros aus der Zeit um 1900 und dazu eine feine, vom Gault & Millau-Führer mit 15 Punkten bewertete Küche mit italienisch-asiatischem Einschlag. Mittags servieren Frans van Dam und Wilke Durand Menüs mit zwei bis vier Gängen, abends nach Wunsch mit bis zu sieben Gängen.

Il Pecorino Wilhelmina Dok (Tour 29, Seite 124)

Noordwal 1, Tel. 020 632 37 01, www.ilpecorino.nl,
Di–Fr 17–23 Uhr, Sa/So 15–23 Uhr, €–€€

Ein nettes Plätzchen zum Entspannen: tolle Aussicht auf Schiffe
und Hafen, leckere Kuchen und mediterrane Gerichte. Im Sommer sitzt man auf der großen Terrasse direkt am Wasser und
genießt die gute Stimmung.

The Lobby – Nesplein (Tour 5, Seite 28)

Nes 49, Tel. 020 758 52 75, www.thelobbynesplein.nl,
tgl. 7–1 Uhr, €€

Typisch holländisches Frühstück mit Toast oder Eierkuchen,
Flammkuchen oder Burger zur
Mittagszeit und feine Fischkü-
che am Abend – im Herzen
Amsterdams kann man sich
hier zu jeder Tageszeit unter
meist junges Publikum mi-
schen und gemütlich essen
oder auch nur Kaffee trinken
oder einen Cocktail schlürfen.

Loetje aan 't IJ (Tour 28, Seite 119)

Werfkade 14, Tel. 020 208 80 00, loetje.com, 10–0 Uhr, €€

In dem schmucken Neubau mit viel Glas macht man Mittagspause bei kleinen Gerichten und Salaten, abends wählt man von
der großen, etwas fleischlastigen Menükarte. Auch für kleinere
Geldbeutel gibt es Angebote. Im Winter sitzt man drinnen bei
toller Aussicht aus den Panoramafenstern, im Sommer draußen
auf der Terrasse am Stadtfluss IJ.

Noorderlicht (Tour 28, Seite 120)

NDSM Plein 102, Tel. 020 492 27 70, www.noorderlichtcafe.nl, tgl. ab 11 Uhr, €

Studentenkneipe und Kultur-Café-Restaurant – Noorderlicht ist einer der Klassiker in Noord. Nur wenige Meter vom Fluss entfernt hat man aus dem »Gewächshaus« – denn so mutet das Glashaus von außen an – heraus eine fantastische Aussicht. Gemütliches Ambiente, günstige Preise, unterhaltsame Veranstaltungen.

Pasta e Basta (Tour 7, Seite 36)

Nieuwe Spiegelstraat 8, Tel. 020 422 22 22, www.pastaebasta.nl, tgl. ab 18 Uhr, €€

Spaghetti oder Penne, Ravioli oder Strozzapreti: Hier gibt es außer Antipasti – wie schon der Restaurantnamen andeutet – vor allem Nudelgerichte. Die allerdings sind ausgezeichnet. Auch die Weinauswahl überzeugt. Hauptattraktion sind indes die an jedem ersten Dienstag im Monat singenden Kellner, die mit ihren professionell geschulten, schönen Stimmen Opernarien, Musicalsongs und andere Lieder zum Besten geben und für viel Flair sorgen.

Pllek (Tour 28, Seite 120) ❤ 6

T. T. Neveritaweg 59, Tel. 020 290 00 20, www.pllek.nl, Mo–Fr 9–1, Sa/So bis 3 Uhr (Küche bis 22 Uhr), €€

Aus der Ferne wirkt das Pllek nicht sehr einladend, ganz anders dagegen im gemütlichen Innenraum mit schönem Blick auf den Stadtfluss IJ. Im Sommer kann man in Liegestühlen am »Strand« sitzen. Die Speisekarte ist einfach, bietet aber für jeden Gaumen etwas.

Restaurant RED (Tour 8, Seite 40)

Keizersgracht 594, Tel. 20 320 18 24, www.restaurantred.nl,
So–Mi 18–23, Do–Sa 18–24, Do–So auch 12–15 Uhr, €€– €€€

In gediegenem Ambiente kann man hier nach Herzenslust in Kaviar und kanadischem Hummer schwelgen oder – ganz im Surf &Turf-Stil – Hummer und zartes Rinderfilet bestellen. Auch die Weinkarte überzeugt.

REM Eiland (Tour 20, Seite 88)

Haparandadam 45,
Tel. 020 688 55 01,
www.remeiland.com, tgl.
12–22 Uhr, Lunch ab 12,
Dinner ab 17.30 Uhr, €€

Der Spaziergang über die Mole im Hafen zieht sich hin, aber die Mühe lohnt. Denn von der weit sichtbaren rot-weißen Plattform einer ausgedienten Bohrinsel hat man in luftiger Höhe eine herrliche Aussicht auf den IJ, den Hafen und das Viertel Spaardammerhout. Eine Brücke verbindet die Stahlkonstruktion mit dem Festland. Eine gute Wahl ist die Meeresfrüchteplatte und diverse Seafood-Spezialitäten.

't Stuivertje (Tour 15, Seite 68)

Hazenstraat 58, Tel. 020 623 13 49, www.hetstuivertje.nl,
tgl. außer Di 17.30–22 Uhr, €€

Das Ambiente ist schnörkellos schlicht, die Küche ist französisch angehaucht. Dabei setzt man auf Saisonprodukte, auf Fleisch und Fisch und auch Schnecken fehlen nicht auf der Karte. Für Vegetarier hält sie aber auch einiges bereit.

De Kaaskamer van Amsterdam

In Amsterdams überschaubarer Innenstadt gibt es Shopping-quartiere für jeden Geldbeutel und jeden Geschmack. Die Filialen internationaler Modeketten reihen sich in der Kalverstraat und am Nieuwendijk, Topdesigner-Boutiquen in der P. C. Hooftstraat, und bei schlechtem Wetter bietet sich das Shoppingcenter Magna Plaza am Nieuwezijds Voorburgwal als regenfreie Einkaufszone an. Im Stadtviertel Jordaan, vor allem in der Haarlemmerstraat, liegen Fairtrade- und Secondhand-boutiquen, Läden mit süßen oder herzhaften Spezialitäten, Coffeeshops und Antiquariate Tür an Tür. Im Spiegelkwartier ist richtig, wer nach Gemälden aus Meisterhand oder nach hochwertigen Antiquitäten sucht. Und den Bummel über den einen oder anderen Wochenmarkt sollte man sich natürlich auch nicht entgehen lassen. Sehenswert ist der Albert Cuypmarkt, der größte Straßenmarkt des Landes, auf dem werktags Lebensmittel, exotische Gewürze, Blumen, Stoffe, Leder und Schmuck verkauft werden. Auf dem Markt an der Noorderkerk im Jordaan bieten Händler samstags Bioprodukte aus der Region an.

Art Gallery Peter Pappot (Tour 7, Seite 35)
Nieuwe Spiegelstraat 30 und 34, Tel. 020 624 26 37,
www.peterpappot.com, Mo–Sa 11–17.30, So 12.30–17 Uhr
Die Galerie hat sich auf Kunst aus der Zeit zwischen 1800 und 1950 spezialisiert. Hier finden Liebhaber Originale niederländischer, belgischer und französischer Maler. Schwerpunktkünstler der Galerie ist der holländische Maler Kees van Dongen, dessen Porträt, der Guus Preitinger von 1910, im Van Gogh Museum hängt.

De Bijenkorf (Tour 4, Seite 24)
Dam 1, www.debijenkorf.nl/amsterdam,
So/Mo 11–21, Di–Sa 10–21 Uhr
Hinter der historischen Fassade, die Berlinkenner ans KaDeWe erinnert, bietet das Traditionskaufhaus Textiles für Damen, Herren und Kinder, Accessoires und Kosmetikprodukte etlicher Marken. Ein Friseur- und Beautysalon sowie ein Nagelstudio bieten ebenfalls ihre Dienste an. Ein Restaurant und auch die Toiletten befinden sich in der fünften Etage.

De Kaaskamer van Amsterdam (Tour 9, Seite 43)
Runstraat 7, Tel. 020 623 34 83, www.kaaskamer.nl,
Mo 12–18, Di–Fr 9–18, Sa 9–17, So 12–17 Uhr
Dass die Holländer gerne Käse essen, weiß jeder. Und doch verschlägt es einem fast die Sprache bei diesem Angebot – 400 verschiedene Käsesorten soll De Kaaskamer im Angebot haben. Schauen, riechen, kosten – und ein paar (eingeschweißte) Stücke Kuh-, Schaf- oder Ziegenkäse mit nach Hause nehmen ist hier Pflicht. Und wenn der Vorrat zuhause zur Neige geht, kann man online nachbestellen.

Gassan Diamonds
(Tour 3, Seite 20)
Nieuwe Uilenburgerstraat 173–175,
Tel. 020 622 53 33, www.gassan.com,
tgl. 9–17 Uhr

Hier werden Diamanten und weitere Edelsteine zu schönen Schmuckstücken verarbeitet, die man anschließend an die Führung im Fabrikverkauf erstehen kann. Wer sich weniger für die Preziosen interessiert, kann nebenan **Delfter Porzellan** (tgl. 9.30–18 Uhr) erwerben.

Jacob Lesman (Tour 7, Seite 36)
Spiegelstraat 27, www.jacoblesman.com, Mo–Sa 11–18 Uhr

Im Geschäft des niederländischen Schuhdesigners Jacob Lesman gibt es bildschöne, extravagante Herrenschuhe zu bewundern. Jedes Paar ist ein Unikat, in unterschiedlichen Lederarten handgefertigt, sowohl die dezenten Muster als auch die Farben sind außergewöhnlich, in jedem Fall ein Hingucker.

Kuvva Gallery (Tour 19, Seite 82)
Pazzanistraat 33, www.gallery33.net, Mo–Fr 10–17 Uhr

In einem alten Fabrikgebäude auf dem Gelände der Westergasfabrik im Viertel Westerpark ist diese kleine Galerie zu finden. Gezeigt wird zeitgenössische Kunst von (noch) relativ unbekannten Künstlern und Designern. Sehenswert sind die wechselnden Ausstellungen, sie bieten überraschende, ungewöhnliche und spannende Einblicke wie beispielsweise Bilder und Objekte zu Video-Games.

Magna Plaza (Tour 1, Seite 11 und Tour 4, Seite 23)
Nieuwezijds Voorburgwal 182, Tel. 020 570 35 70,
www.magnaplaza.nl, Mo 11–19, Di–Sa 10–19, Do bis 21,
So 12–19 Uhr
In diesem noblen Shoppingcenter werden auch anspruchsvolle
Kunden fündig. Zu kaufen gibt es exklusive Mode für Damen
und Herren, Schuhe, Schmuck und hochwertige Gesundheits-
und Beauty-Produkte. Auch wer nichts mit Einkaufen am Hut
hat, sollte einen Blick in das Innere des Einkaufszentrums mit
seinen sehenswerten Galerien und Treppenaufgängen im neu-
gotischen Stil werfen.

Moooi Möbel und Wohnaccessoires (Tour 15, Seite 66)
Westerstraat 187, Tel. 020 528 77 60, www.moooi.com,
Di–Sa 10–18 Uhr
Marcel Wanders ist eine bekannte Größe in der Szene der Pro-
dukt- und Verpackungsdesigner. Seine Kreationen haben es
schon ins New Yorker Museum of Modern Art geschafft. Das Geschäft in der Westerstraat hat Wanders mit Gleichgesinnten gegründet. Hier finden Designfreunde jede Menge coole Design-
stücke, Möbel und Accessoires für ein stylishes Zuhause.

New English Bookstore (Tour 4, Seite 22)
Kalverstraat 223, Tel. 020 624 97 89, Mo 10.30–18,
Di/Mi 10–18, Do 10–21, Fr/Sa 10–19, So 12–19 Uhr
Buchhandlung für englische Literatur aus diversen Themenbe-
reichen. Wer sich hier durch das kunterbunt zusammengewür-
felte, teilweise etwas schwer zugängliche Sortiment arbeitet,
kann mit etwas Geduld und Glück ein Schätzchen zu günstigen
Preisen heben.

Nukuhiva Boutique für Fairtrade-Mode (Tour 14, Seite 62)

Haarlemmerstraat 36, Tel. 020 420 94 83, <u>nukuhiva.nl</u>,
Mo–Fr 10.30–19, Sa 10–18, So 12–18 Uhr

Nachhaltig und fair gehandelt und trotzdem hip und trendig – die Boutique mit dem schönen Südseeinsel-Namen bietet Kleidung für Männer und Frauen. Was hier auf der Stange hängt, ist zum großen Teil aus Biobaumwolle gefertigt, der Look sportlich-casual. Taschen, Schmuck, Gürtel und weitere Accessoires ergänzen die Kollektionen.

Puccini Bomboni (Tour 13, Seite 59)

Singel 184, Tel. 020 427 83 41, <u>www.puccinibomboni.com</u>,
Mo–Sa 11–18, So 12–18 Uhr

Handgefertigte Pralinen der Extraklasse und Schokolade zum Träumen. Puccini Bomboni ist nicht nur in der ganzen Stadt bekannt, sondern hat es auch in die Top-Ten-Liste der europäi-

schen Chocolatiers geschafft. Für viele Touristen gehört der Besuch zum Pflichtprogramm. Einziger Nachteil: Qualität hat hier definitiv ihren Preis. Eine weitere Niederlassung befindet sich in der Staalstraat 17.

Taschen (Tour 12, Seite 55)

P. C. Hoofstraat 44, Tel. 020 662 78 20, <u>ww.taschen.com</u>,
So/Mo 12–18, Di–Sa 10–18 Uhr

Ein Paradies für Fans edler Bücher – bei Taschen gibt es eine gepflegte Auswahl an Kunst-, Comic- und Lifestylebänden. Ebenfalls zu haben sind Kunstdrucke in jeglichen Preisklassen.

Terra (Tour 9, Seite 43)

Reestraat 21, Tel. 020 638 59 13, www.terraamsterdam.com, tgl. 12–18 Uhr

Lust auf exquisite Handarbeit? Dann ist Terra vielleicht genau das Richtige. Denn hier gibt es hochwertige Lederschuhe für Damen und Herren sowie Lederhandtaschen aus Spanien. Auch die Keramik aus verschiedenen spanischen Regionen lohnt einen näheren Blick.

Universe on a T-Shirt (Tour 13, Seite 65)

Nieuwe Leliestraat 6, Tel. 020 737 00 81, www.universeonatshirt.com, tgl. 11–18 Uhr

Flotte Sprüche, smarte Bilder, Konterfei von Sternchen oder Stars – hier gibt es T-Shirts, Sweat-Shirts und Taschen in allen Farben und Größen mit jedem nur erdenklichen Motiv. Und wer auf ein individuelles Hemdchen Wert legt, kann sich auch ein Shirt nach eigenen Gestaltungsideen bedrucken oder besticken lassen.

360 Volt (Tour 9, Seite 43)

Prinsengracht 397, Tel. 020 810 01 01, 360volt.com/en, Do–Sa 11–18 Uhr

Auf alle Arten von Lampen aus der ersten Hälfte des 20. Jhs. hat sich dieser kleine Laden spezialisiert. Die Lampen weisen höchstens hie und da ein paar Gebrauchsspuren auf, sind aber technisch generalüberholt, sofort einsatzbereit und können mit modernen Leuchtmitteln wie LED oder E27-Glühlampen betrieben werden. Jede von ihnen ist ein ungewöhnlicher Hingucker im heimischen Wohn- oder Arbeitszimmer. Für Liebhaber von Vintagedesign ist 360 Volt eine wahre Fundgrube.

Pathé Tuschinski

Amsterdams Nachtleben bietet für jedes Interesse schier unerschöpfliche Möglichkeiten: Konzerte, Musik- und Szenelokale, gemütliche Kneipen, Bars, Lounges, urige Cafés und Diskotheken.

Alto Jazz Club (Tour 10, Seite 48)

Korte Leidsedwarsstraat 115, Tel. 020 626 32 49, www.jazz-cafe-alto.nl, tgl. ab 21 Uhr; Ⓗ Leidseplein (Straßenbahnen 1, 2, 5, 7, 10)

Alteingesessener Jazzklub mit gemütlicher Kneipenatmosphäre. Täglich treten hier lokale Jazz- und Bluesgrößen auf. Jeder kennt jeden; bis spät in die Nacht wird Party gemacht.

Boom Chicago

Rozengracht 117, Tel. 020 217 04 00, www.boomchicago.nl; Ⓗ Marnixstraat/Rozengracht (Straßenbahnen 7, 10, 13, 14, 17)

Ein Unterhaltungsklassiker seit 20 Jahren. Amerikanische Comedians parodieren und kommentieren witzig gekonnt Einheimische und Touristen. Sehr praktisch: Die Drinks von der Bar kann man während der Vorstellung genießen. Wer rechtzeitig reserviert, bekommt auch ein Dinner pünktlich zur Show serviert. Zur Auswahl stehen arabische, italienische und asiatische Spezialitäten.

Café Nol (Tour 16, Seite 71)

Westerstraat 109, Tel. 020 624 53 80,
www.cafenol-amsterdam.nl, Mi–So ab 21 Uhr;
Ⓗ Marnixplein (Straßenbahnen 3, 10)

Das Café mit dem plüschig-altmodischen Interieur ist ein angesagter Szenetreff für Nachtschwärmer jedweder Couleur. Schön und jung muss man hier nicht sein – eher ein bisschen schrill. Besonders wohl wird sich fühlen, wer ein echtes Faible für die holländische Schlagerparade hat. Wenn nach Mitternacht die Stimmung kocht, gibt es Schlager vom Band – Stammgäste und solche die es werden wollen, grölen begeistert mit.

De Twee Zwantjes (Tour 16, Seite 72)

Prinsengracht 114, Tel. 020 625 27 29,
www.cafedetweezwaantjes.nl, tgl. ab 15 Uhr;
Ⓗ Westermarkt (Straßenbahnen 13, 14, 17)

In der kleinen Kneipe geht es immer stimmungsvoll zu. Zum Bier wird hier nichts gegessen sondern aus vollem Hals gesungen. Der Höhepunkt der Stimmung ist erreicht, wenn der Wirt selbst zum Mikrofon greift.

Melkweg (Tour 10, Seite 47)

Lijnbaansgracht 234 A, Tel. 020 531 81 81, www.melkweg.nl,
Ⓗ Leidseplein (Straßenbahn 1,2,5)

Der Club in einer ehemaligen Milchfabrik ist eine Institution im Amsterdamer Nachtleben, in den 1960er-Jahren ein Hort der Alternativkultur, heute eine Bühne für junge und etablierte Bands, Partys und gediegene Konzerte.

Pacific Park (Tour 19, Seite 83)

Polonceaukade 23, Tel. 020 488 77 78, Ⓗ van Hallstraat (Straßenbahn und Bus 21), www.pacificparc.nl

Der wunderbar unkomplizierte Klub residiert in der alter Westergasfabriek, hier kann man essen, trinken und Rock 'n' Roll tanzen – mitunter zu Livemusik. Im Sommer sitzt man im Biergarten bei entspannter Atmosphäre. Was will man mehr?

Paradiso (Tour 7, Seite 35)

Weterinschans 6,
Tel. 020 626 45 21,
www.paradiso.nl;
Ⓗ Leidseplein (Straßenbahnen 1, 2, 5, 7, 10)

Das Paradiso ist seit dem Jahr 1968 eine Kultadresse für die junge Szene. Amsterdams Hippies machten aus der einstigen Kirche einen der ersten Klubs, in denen der Verkauf von weichen Drogen erlaubt war. In den 1980er-Jahren traf sich hier die Punkszene und heute reicht das Livemusik-Spektrum von Pop bis Alternative.

Pathé Tuschinski (Tour 7, Seite 36)

Reguliersbreestraat 26, Tel. 900 14 58, www.pathe.nl/ bioscoop/tuschinski; Ⓜ Muntplein (Straßenbahnen 14, 16, 24)

Das Tuschinski ist ein altehrwürdiges Lichtspielhaus, das schon seit 1921 Filme präsentiert – heute meist kommerziell erfolgreiche Hollywood-Streifen. Sehenswert ist das prachtvolle Innenleben des Hauses: Art déco, wohin das Auge schaut. Auch die königliche Familie besucht hier gelegentlich Filmpremieren. »Konings« haben ihre eigene Loge im großen Filmsaal.

Stadsschouwburg (Tour 10, Seite 47)

Leidseplein 26, Tel. 020 624 23 11, stadsschouwburg amsterdam.nl; Ⓜ Leidseplein (Straßenbahnen 1, 2, 5, 7, 10)

Im Amsterdamer Stadttheater gastieren mehrmals im Jahr internationale Ensembles, sodass auch immer mal wieder Stücke in englischer oder deutscher Sprache oder Produktionen mit Untertiteln auf die Bühne gebracht werden. Über den Spielplan kann man sich online informieren. Kartenverkauf Mo–Sa 12 bis 18 Uhr, So ab 14 Uhr.

Twenty Third im Okura Hotel

Ferdinand Bolstraat 333, Tel. 020 678 71 11, www.okura.nl; Ⓜ Cornelius Troostplein bzw. Ceintuurbaan/F. Bolstraat (Straßenbahnen 3, 12, 25)

Die stilvolle Bar in der Top-Etage des renommierten Okura Hotels lohnt aus mehreren Gründen einen Besuch: Zum einen wegen der grandiosen Aussicht von der 23. Etage auf Amsterdam, zum anderen sind auch die Cocktails (ab 15 €) hier große Klasse, gilt doch Twenty Third als die beste Cocktailbar der Niederlande mit der besten Champagnerkarte.

Anreise

Per Flugzeug: Der internationale Flughafen Schiphol liegt im Südwesten der Stadt, Tel. 0900 7244 7465 (im Land), +31 20 794 0800 (aus dem Ausland), www.schiphol.nl. Die Entfernung zum Stadtzentrum beträgt etwa 20 km, für eine **Taxifahrt** muss man etwa 50 € kalkulieren. Zwischen Airport und Leidseplein verkehrt die **Buslinie 197** (7–18 Uhr im 10-Min.-Takt; 18–7 Uhr im 15-Min.-Takt), Dauer 30 Min., 5 €. Ein **Schnellzug** fährt vom Flughafen in die Stadt (5–1 Uhr im 15-Min.-Takt), Dauer 20 Min., zu anderen Zeiten stündlich. Connexxion betreibt einen **Airport-Hotel-Shuttle**, der alle großen Hotels im Zentrum anfährt. Nutzbar mit dem **Amsterdam Travel Ticket** für 1 bis 3 Tage, dieses schließt Busse, Straßenbahnen und Metro in Amsterdam ein, 16–26 €.

Botschaft

Generalkonsulat der Bundesrepublik Deutschland Honthorstraat 36, Tel. 020 574 77 00, Mo–Fr 8.30–11.30 Uhr.

City Card mit Museumspass

Mit der **I amsterdam City Card** kann man alle öffentlichen Verkehrsmittel kostenlos nutzen und erhält freien bzw. ermäßigten Eintritt für die meisten Museen und Sehenswürdigkeiten sowie einige andere Preisvorteile. Die Card gibt es jeweils für 24, 48, 72 oder 96 Stunden beim Tourist Office (je nach Geltungsdauer 59/74/82,50/96 €), aber auch an allen Ticketschaltern von Canal Bus (z. B. am Anleger Prinsengracht/gegenüber der Westerkerk). Da der Preis recht hoch ist, empfiehlt es sich, genau zu kalkulieren, ob sich die Anschaffung lohnt, www.iamsterdam.com.

Kulturinfos

• Tipps rund um Sehenswürdigkeiten, aktuelle Veranstaltungen, Shopping, Essen und Ausgehen gibt es auf dem Portal www.iamsterdam.com.

• Wenn es um aktuelle Tipps zu Ausstellungen, Konzerten und anderen Events geht, hilft www.timeout.com/amsterdam weiter (englischsprachig).

Medizinische Versorgung

Ein »Touristendoktor« empfängt akute Fälle von 8–20 Uhr in der Nieuwe Passeerdersstraat 8 (Haltestelle Leidseplein Straßenbahn 1, 2, 5 oder Elandsgracht, Straßenbahn 7, 13, 14, 17) , Tel. 020 237 3654, amsterdamtouristdoctors.nl.

Notruf

• Notarzt, Feuerwehr und Polizei: Tel. 112

• Ärztliche Bereitschaft/ Zahnärztlicher Notdienst: Adressen für dringende Fälle Tel. 088 00 30 600 (24 Std.)

• Bei Verlust von EC- oder Kreditkarte: Tel. +49 116 116

Touristeninformationen

• Vor der Reise kann man Broschüren über Amsterdam beim **Niederländischen Büro für Tourismus** in Köln bestellen: Tel. 0221 920 421 80, oder von der Website www. holland.com herunterladen.

• Vor Ort gibt das **Amsterdam Tourist Office** Auskünfte und hilft bei der Hotelsuche, www.iamsterdam.com.

• **Besucherzentren:**

– **I Amsterdam Store**, De Ruijterkade 28 A, auf der Rückseite der Centraal Station, Tel. 020 702 6000, Mo–Mi 8–19, Do–Sa 8–20, So 10–18 Uhr.

– Am **Flughafen Schiphol,** Arrivals 2, bei der Schiphol Plaza, tgl. 7–22 Uhr.

Vorwahlen

Aus dem Ausland nach Amsterdam: +31 20; innerhalb des Landes: 020

Mit dem Auto

Autofahren ist in der Innenstadt mit vielen Einschränkungen verbunden. Parken ist sehr teuer, daher lässt man das Auto am besten auf einem der zentralen Park&Ride-Parkplätze am Stadtrand.

Auf den **Park & Ride-Parkplätzen an der A10** kostet das Parken nur 8 €/24 Std. und 1 € für jede weitere Stunde.

Park & Ride-Standorte findet man unter www.iamsterdam.com.

Parkhäuser

Wer das Auto doch mit in die City nehmen möchte, sollte eines der zahlreichen Parkhäuser ansteuern. Je nach Standort werden unterschiedliche Preise verlangt – relativ günstig sind das **Parking Centrum Oosterdok** (Osterdokstraat 150) und das **P1 Parking Amsterdam Centre**, (Prins Hendrikkade 20 A), beide Nähe Hauptbahnhof, – für 24 Std. zahlt man dort 20 €,

mehr als doppelt so hoch ist der Tarif am Museumsplein.

• Eine Übersicht über Standorte und Tarife findet man unter www.parking zentrumamsterdam.de, ein weiterer Anbieter mit diversen City-Standorten ist www.q-park.com.

Öffentliche Verkehrsmittel

Straßenbahnen, Busse und die Metro sorgen flächendeckend für gute Verbindung, ausführliche Infos: en.gvb.nl. **Fahrscheine** für die Metro gibt es an allen Stationen am Automat, Stundentickets für Tram und Bus (3 €) kauft man an Bord. Auch **Mehrtagestickets** für Tram, Bus und Metro kann man am Automat ziehen oder bei GVB Tickets am Hauptbahnhof kaufen (Mo–Fr 7–21, Sa/So 8–21 Uhr): Ticket für 24 Std. 7,50 €, für 48 Std. 12,50 €, 72 Std. für 17,50 €, 7-Tage-Ticket 34,50 €.

Nachtbusse: 12 Linien ab Centraal Station, Leidseplein und

Rembrandt-plein von 0.30 bis etwa 7 Uhr im 30-Min.-Takt. Das 90-Min.-Ticket für die Nacht kostet 4,50 € und kann im Bus gekauft werden.

Fähren

Die Fähren, die zwischen Hauptbahnhof (Centraal Station) und dem Norden Amsterdams pendeln, sind kostenlos.

Taxiruf

Tel. 020 633 33 33

Grachtenrundfahrten

Canal Cruises: Der Klassiker ist die einstündige 100-Highlights-Rundfahrt ab dem Holland International Rundfahrtpier am Prins Hendrikkade 33 a, gegenüber der Centraal Station. Abfahrten im Winter tgl. alle 30 Min. 10–21 Uhr. Im Sommer 9–22 Uhr, bis 18 Uhr alle 15, danach alle 30 Min., z. B. bei www.lovers.nl, www.stromma.nl und www.blueboat.nl. Bei allen Anbietern gibt es Onlinetickets ab 16 €.

Hop on – Hop off

Canal Bus nennen sich Grachtenboote, die im Sommer 9 bis 19, im Winter 10–18 Uhr, auf drei Strecken durch die Stadt touren. Onlinetickets ab 19 €/Tag, 22 €/24 Std., 25 €/48 Std., www.stromma.nl, www.lovers.nl, amsterdamcanalcruises.nl.

Amsterdam per Rad

Für Touristen ist Radeln eine bequeme Art, die Innenstadt zu erkunden. Aber Achtung, Amsterdams Radler nehmen sich alle Freiheiten und halten nicht immer an roten Ampeln.
• **Fahrradverleih:**
– **Green Bugget Bikes,** Lange Leidsedwarsstraat 103, Tel. 020 341 35 35, www.greenbudgetbikes.nl, ab 9 €/Tag.
– **StarBikes Rental Amsterdam**, De Ruyterkade 127, Tel. 020 620 32 15, www.starbikesrental.com, ab 5 €/3 Std.
• **Geführte Fahrradtouren:**
Orange Bike, Oudezijds Voorburgwal 147, Tel. 020 354 17 81, www.orange-bike.nl.

Liebe Leserin, lieber Leser,
wir freuen uns, dass Sie sich für diesen POLYGLOTT zu Fuß entdecken entschieden haben.

Unsere Autorinnen und Autoren sind für Sie unterwegs und recherchieren sehr gründlich, damit Sie mit aktuellen und zuverlässigen Informationen auf Reisen gehen können. Dennoch lassen sich Fehler nie ganz ausschließen. Wir bitten Sie um Verständnis, dass der Verlag dafür keine Haftung übernehmen kann.

Ihre Meinung ist uns wichtig. Bitte schreiben Sie uns:
GRÄFE UND UNZER VERLAG
Postfach 86 03 66, 81630 München, Tel. 0 89 / 419 819 41
www.polyglott.de

LESERSERVICE
polyglott@graefe-und-unzer.de
Tel. 0 800 / 72 37 33 33 (gebührenfrei in D, A, CH), Mo–Do 9–17 Uhr, Fr 9–16 Uhr

1. aktualisierte Auflage 2018

© 2018 GRÄFE UND UNZER VERLAG GmbH, München
Dieses Buch wurde auf chlorfrei gebleichtem Papier gedruckt.
ISBN 978-3-8464-0362-4

Bei Interesse an maßgeschneiderten B2B-Editionen:
gabriella.hoffmann@graefe-und-unzer.de

Bei Interesse an Anzeigen:
KV Kommunalverlag GmbH & Co KG
Tel. 089/928 09 60
info@kommunal-verlag.de

Redaktionsleitung: Grit Müller
Verlagsredaktion: Anne-Katrin Scheiter
Autoren: Susanne Kilimann, Rasso Knoller, Christian Nowak
Redaktion: Buch und Gestaltung, Britta Dieterle und Heide-Ilka Weber
Bildredaktion: Dr. Nafsika Mylona
Titeldesign: fpm factor product münchen
Layoutkonzept: uteweber-grafikdesign
Karten und Pläne: GeoGraphic Production GmbH
Satz: uteweber-grafikdesign
Herstellung: Anna Bäumner
Druck und Bindung: Drukarnia Dimograf Sp.zo.o. (Polen)

Ein Unternehmen der
GANSKE VERLAGSGRUPPE

Bildnachweis:

Coverfoto Brouwersgracht, Amsterdam © Getty Images/Lonely Planet Images

Niederlande
on tour entdecken

Der Klassiker unter den Kompakt-Reiseführern mit großer Faltkarte, 80 einzigartigen Stickern und individueller App. POLYGLOTT on tour führt mit ausgewählten Routen zu den wichtigsten Sehenswürdigkeiten dieses Landes. Dazu lassen das TYPISCH-Kapitel und die Erstklassig-Tipps den Reisenden das Flair der Niederlande schnuppern.